DÉLIVRANCE DU PÉCHÉ D'ADULTÈRE ET DE FORNICATION

AIDES PRATIQUES DANS LA SANCTIFICATION

TOME 5

ZACHARIAS TANEE FOMUM

Copyright © 1990 par Zacharias Tanee Fomum
Tous droits réservés.

Titre Original: ***Freedom from the Sin of Adultery and Fornication***

Aucune partie de ce livre ne peut être reproduite sous aucune forme ou par aucun moyen électronique ou mécanique, y compris les systèmes de stockage et de récupération d'informations, sans l'autorisation écrite de l'auteur, sauf pour l'utilisation de courtes citations dans une critique de livre.

info@books4revival.com

Ce livre est dédié à

HENRIETTE MBARGA

L'une des filles vierges de Dieu et une bonne représentation d'une nouvelle génération de croyants qui ont saisi la vision de l'importance critique de la prière, et sont en train d'y investir leur tout.

TABLE DES MATIÈRES

Préface — vii

Introduction — 1

LES ADULTÈRES ET LES FORNICATEURS DE LA BIBLE

1. La Fornication de Sichem Avec Dina — 7
2. L'adultère de Ruben Avec Bilha — 19
3. L'adultère de Juda Avec Tamar — 25
4. La Vie D'adultère de Samson — 37
5. L'adultère de David Avec Bath-Schéba — 45
6. La Fornication D'Amnon Avec Tamar — 57
7. L'adultère D'état D'absalom — 69

L'ACTE D'ADULTÈRE ET DE FORNICATION

8. Quand est-ce que L'adultère ou la Fornication est Commis ? — 75
9. L'adultère et la Fornication en Pensées — 79
10. L'adultère et la Fornication Par la Lecture — 85
11. L'adultère et la Fornication Dans les Rêves — 89
12. L'adultère et la Fornication en Actes — 91

L'ATTITUDE DE DIEU ENVERS L'ADULTÈRE ET LA FORNICATION

13. Le Seigneur Exigeait Une Punition Sévère Pour L'adultère Et La Fornication Dans L'ancien Testament — 97
14. Le Verdict de Dieu Sur L'adultère et la Fornication Aujourd'hui — 101

L'EXAMEN PERSONNEL

15. L'impact Sexuel — 109
16. La Pratique de la Vérité Dans la Vie Sexuelle — 125

LA DÉLIVRANCE DU PÉCHÉ D'ADULTÈRE ET DE FORNICATION

17. La Loi de L'esprit de Vie en Jésus-Christ 137
18. Faire Mourir 147
19. Arracher et Couper 155
20. Se Connaître Soi-Même — 1 163
21. Se Connaître Soi-Même — 2 169
22. La Crainte de L'eternel 173
23. Protéger sa Marche Avec Christ 181
24. L'exemple de Joseph 187
25. Maintenir la Délivrance du Péché D'adultère et de Fornication 195
26. L'attitude du Chrétien Envers un Croyant Qui a Commis L'adultère ou Fornication 197

EN CONCLUSION

27. La Récompense Sur La Terre Pour La Pureté Sexuelle 209
28. La Récompense Au Ciel Pour La Pureté Sexuelle 213
29. En Conclusion 219

AU SUJET DE L'AUTEUR

Tres Important ! 223
Merci 227
Au Sujet de L'auteur 229
Autres Livres du Meme Auteur 235
Distributeurs de Livres de ZTF 243

PRÉFACE

Ce livre, *Délivrance du Péché d'Adultère et de Fornication* est le cinquième dans la série « **Aides Pratiques dans la Sanctification** ». Les livres de cette série qui ont déjà été écrits sont :

- **Livre 1**: *Délivrance du Péché*
- **Livre 2:** *Le Chemin de la Sanctification*
- **Livre 3:** *Sanctifié et Consacré pour Le Ministère Spirituel*
- **Livre 4:** *La Semence, le Semeur et les cœurs des Hommes*
- **Livre 5:** *Délivrance du péché d'Adultère et de Fornication*

Bien que les cinq livres de cette série soient complémentaires et aident le lecteur à avoir une vue complète sur le thème, chaque livre est complet en lui-même et devrait être lu pour le bénéfice qu'on en tire. Quoique les livres soient enracinés dans la Parole de Dieu, ils sont écrits, non simplement pour aider les lecteurs à connaître le point de vue de Dieu sur les questions débattues, mais aussi pour conduire le croyant au-delà de la compréhension théorique, dans l'expérience spiri-

PRÉFACE

tuelle, car la sanctification n'est finalement pas une simple doctrine, mais une expérience.

Ma prière pour toi est que Celui qui nous a choisis en Lui avant la fondation du monde, pour que nous soyons saints et irrépréhensibles devant Lui (Éphésiens 1 : 4), travaille puissamment en toi pendant que tu lis, œuvrant en toi et à travers toi, afin que tu entres dans la vie de sanctification et que tu fasses du progrès.

Que le Seigneur te bénisse excessivement.

Juin 1990
Zacharias Tanee Fomum
BP 6090 YAOUNDÉ - CAMEROUN

INTRODUCTION

Ce livre est écrit pour ceux qui ont reçu le Seigneur Jésus comme leur Sauveur et Seigneur. Il n'est pas écrit pour les non-croyants, c'est-à-dire pour ceux qui ne sont pas encore « nés de nouveau », par l'Esprit de Dieu.

Normalement, un tel livre, écrit pour des croyants, serait absolument inutile, car l'Apôtre enseigne clairement que

> « Quiconque pèche transgresse la loi, et le péché est la transgression de la loi. Or, vous le savez, Jésus a paru pour ôter les péchés, et il n'y a point en lui de péché. Quiconque demeure en Lui ne pèche point ; quiconque pèche ne l'a pas vu, et ne l'a pas connu. Petits enfants, que personne ne vous séduise. Celui qui pratique la justice est juste, comme Lui-même est juste. Celui qui pèche est du diable, car le diable pèche dès le commencement. Le Fils de Dieu a paru afin de détruire les œuvres du diable. Quiconque est né de Dieu ne pratique pas le péché,

parce que la semence de Dieu demeure en lui ; et il ne peut pécher, parce qu'il est né de Dieu » (1 Jean 3 : 4-9).

Cependant, nous savons qu'un membre de l'Église à Corinthe avait commis l'adultère et avait été mis sous discipline. Nous savons aussi que David, qui était un homme selon le cœur de Dieu, tomba dans le même péché. Les nombreux avertissements de l'apôtre Paul aux croyants contre l'adultère et la fornication ne laissent au lecteur des épîtres aucun doute sur le fait qu'il avertissait les croyants sur quelque chose qui pouvait arriver dans leur vie. Il écrivait comme quelqu'un qui savait qu'une personne convertie pouvait tomber dans le péché d'adultère et de fornication.

Il est communément connu que dans notre génération, certains serviteurs de Dieu, qui sans aucun doute ont véritablement cru au Seigneur Jésus, sont tombés dans l'adultère et la fornication. Le Seigneur Jésus a décidé d'exposer les péchés de certains, mais pas ceux des autres.

Ainsi donc, un croyant peut être tenté, céder à la tentation, et commettre l'adultère ou la fornication, ou les deux. Si tu veux être honnête, tu reconnaîtras que tu es presque tombé dans l'adultère soit en pensées, soit en paroles ou en actes, ou bien tu y es réellement tombé soit en pensées, soit en paroles ou en actes. Tu pourrais même vouloir reconnaître que, sans la grâce de Dieu, tu pourrais d'un moment à l'autre, tomber dans l'un quelconque de ces péchés. Cela rend ce livre utile pour toi. Tu pourrais avoir dix ans ou soixante ans ; il te faut quand même le lire dans un esprit de prière, si ce n'est pour tes propres besoins, du moins dans le but d'aider les autres croyants.

INTRODUCTION

Plusieurs peuvent dire : « Dieu merci, je n'ai jamais commis l'adultère en acte depuis que j'ai cru au Seigneur Jésus ». Nous remercions le Seigneur pour tous ceux-là. On ne peut que s'attendre à cela. Cependant, le Seigneur Jésus est à la recherche de ceux de qui Il peut dire : « Celui-ci n'a jamais commis l'adultère en pensée depuis qu'il a cru. » J'espère qu'Il peut dire cela de toi.

Peut-être qu'Il ne peut pas encore dire cela de toi. Notre prière est qu'en lisant ce livre, tu connaisses de la part du Seigneur la délivrance du péché d'adultère et de fornication et que la délivrance soit en pensées, en paroles et en actes. Nous prions que tu entres dans cette délivrance par une crise et que tu la maintiennes à travers le processus de demeurer en Lui moment après moment.

Du fait qu'aucun adultère ou fornicateur ne passera l'éternité hors de l'enfer, nous te supplions de prendre ce message au sérieux et d'agir en conséquence pour ton bien-être éternel.

Le Seigneur Jésus, l'Inchangeable Libérateur, est proche pour te délivrer et te rendre capable de marcher dans la délivrance tout le reste de ta vie jusqu'à Son retour.

LES ADULTÈRES ET LES FORNICATEURS DE LA BIBLE

1
LA FORNICATION DE SICHEM AVEC DINA

« *Dina, la fille que Léa avait enfantée à Jacob, sortit pour voir les filles du pays. Elle fut aperçue de Sichem, fils de Hamor, prince du pays. Il l'enleva, coucha avec elle, et la déshonora. Son cœur s'attacha à Dina, fille de Jacob ; il aima la jeune fille, et sut parler à son cœur. Et Sichem dit à Hamor, son père : Donne-moi cette jeune fille pour femme. Jacob apprit qu'il avait déshonoré Dina, sa fille ; et, comme ses fils étaient aux champs avec son troupeau, Jacob garda le silence jusqu'à leur retour.*

Hamor, père de Sichem, se rendit auprès de Jacob pour lui parler. Et les fils de Jacob revenaient des champs, lorsqu'ils apprirent la chose ; ces hommes furent irrités et se mirent dans une grande colère, parce que Sichem avait commis une infamie en Israël, en couchant avec la fille de Jacob, ce qui n'aurait pas dû se faire. Hamor leur adressa ainsi la parole : Le cœur de Sichem, mon fils, s'est attaché à votre fille ; donnez-la-lui pour femme, je vous prie. Alliez-vous avec nous ; vous nous donnerez vos filles, et vous prendrez pour vous les nôtres. Vous habiterez avec nous, et le pays sera à votre disposition ; restez, pour y trafiquer et y acquérir des propriétés.

Sichem dit au père et aux frères de Dina : Que je trouve grâce à vos yeux, et je donnerai ce que vous me direz. Exigez de moi une forte dot et beaucoup de présents, et je donnerai ce que vous me direz ; mais accordez-moi pour femme la jeune fille. Les fils de Jacob répondirent et parlèrent avec ruse à Sichem et à Hamor, son père, parce que Sichem avait déshonoré Dina, leur sœur. Ils leur dirent : C'est une chose que nous ne pouvons pas faire, que de donner notre sœur à un homme incirconcis : car ce serait un opprobre pour nous. Nous ne consentirons à votre désir qu'à la condition que vous deveniez comme nous, et que tout mâle parmi vous soit circoncis. Nous vous donnerons alors nos filles, et nous prendrons pour nous les vôtres ; nous habiterons avec vous, et nous formerons un seul peuple. Mais si vous ne voulez pas nous écouter et vous faire circoncire, nous prendrons notre fille, et nous nous en irons.

Leurs paroles eurent l'assentiment de Hamor et de Sichem, fils de Hamor. Le jeune homme ne tarda pas à faire la chose, car il aimait la fille de Jacob. Il était considéré de tous dans la maison de son père.

Hamor et Sichem, son fils, se rendirent à la porte de leur ville, et ils parlèrent ainsi aux gens de leur ville : Ces hommes sont paisibles à notre égard ; qu'ils restent dans le pays, et qu'ils y trafiquent ; le pays est assez vaste pour eux. Nous prendrons pour femmes leurs filles, et nous leur donnerons nos filles. Mais ces hommes ne consentiront à habiter avec nous, pour former un seul peuple, qu'à la condition que tout mâle parmi nous soit circoncis, comme ils sont eux-mêmes circoncis. Leurs troupeaux, leurs biens et tout leur bétail, ne seront-ils pas à nous ? Acceptons seulement leur condition, pour qu'ils restent avec nous.

LA FORNICATION DE SICHEM AVEC DINA

Tous ceux qui étaient venus à la porte de la ville écoutèrent Hamor et Sichem, son fils, et tous les mâles se firent circoncire, tous ceux qui étaient venus à la porte de la ville. Le troisième jour, pendant qu'ils étaient souffrants, les deux fils de Jacob, Siméon et Lévi, frères de Dina, prirent chacun leur épée, tombèrent sur la ville qui se croyait en sécurité, et tuèrent tous les mâles. Ils passèrent aussi au fil de l'épée Hamor et Sichem, son fils ; ils enlevèrent Dina de la maison de Sichem, et sortirent. Les fils de Jacob se jetèrent sur les morts, et pillèrent la ville, parce qu'on avait déshonoré leur sœur. Ils prirent leurs troupeaux, leurs bœufs et leurs ânes, ce qui était dans la ville et ce qui était dans les champs ; ils emmenèrent comme butin toutes leurs richesses, leurs enfants et leurs femmes, et tout ce qui se trouvait dans les maisons.

Alors Jacob dit à Siméon et à Lévi : Vous me troublez, en me rendant odieux, aux habitants du pays, aux Cananéens et aux Phérésiens. Je n'ai qu'un petit nombre d'hommes ; et ils se rassembleront contre moi, ils me frapperont, et je serai détruit, moi et ma maison. Ils répondirent : Traitera-t-on notre sœur comme une prostituée ? » (Genèse 34 : 1-31)

UNE ERREUR FATALE

Il est clair que Sichem aimait réellement Dina. La Bible dit :

« *Son cœur s'attacha à Dina, fille de Jacob ; il aima la jeune fille, et sut parler à son cœur* » *(Genèse 34 : 3).*

Le témoignage de Hamor son père, était :

« *Le cœur de Sichem, mon fils, s'est attaché à votre fille ; donnez-la-lui pour femme, je vous prie.* » *(Genèse 34 : 8).*

Son amour pour elle était tel qu'il était prêt à payer n'importe quel prix afin de l'avoir comme femme. Par exemple, il était prêt à payer tout prix qui serait exigé comme dot ou présent. Il dit à son père et à ses frères :

« Exigez de moi une forte dot et beaucoup de présents, et je donnerai ce que vous me direz ; mais accordez-moi pour femme la jeune fille. » (Genèse 34 : 12).

Lorsqu'on lui demanda, ainsi qu'à ses gens, de se faire circoncire afin que le mariage fût possible, il accepta cela avec joie et agit promptement. La Bible dit :

« Le jeune homme ne tarda pas à faire la chose, car il aimait la fille de Jacob » (Genèse 34 : 19).

Son amour pour elle n'était pas une simple convoitise sexuelle, car si cela était, il aurait perdu tout intérêt en elle après qu'il l'eût humiliée et souillée. Il était intéressé par le mariage et non simplement par une relation sexuelle. Il voulait quelque chose de permanent et non quelque chose de passager.

Le sentiment que Sichem éprouvait pour Dina et le prix qu'il était prêt à payer pour l'avoir comme épouse étaient profonds et excellents. Mais Sichem avait commis une erreur fatale. Il pensait qu'il pouvait commencer par avoir des rapports sexuels avec elle et régler le reste après. Il n'avait pas maintenu la pensée de Dieu sur cet aspect qui exige qu'un homme doive aimer une fille, demander sa main aux parents, attendre qu'on lui donne la fille, avant d'avoir des rapports sexuels avec elle. Dès le début de la création, Dieu a établi qu'un homme devra quitter son père et sa mère, et s'attacher à sa femme et c'est alors que les deux deviendraient une même chair (Genèse 2 : 24). Ainsi, Dieu a établi qu'on devrait quitter, s'attacher, et ensuite devenir une même chair. Sichem décida d'agir selon son propre ordre : une même chair, quitter et s'attacher. Pour avoir désobéi à l'ordre des choses de Dieu, il souffrit terriblement.

Premièrement, son âme fut attirée vers Dina en partie à cause de l'acte sexuel d'une façon qui lui fit perdre le contrôle des choses. Il était prêt à arranger une union avec Jacob et ses fils, une union à laquelle il n'avait pas pensé avant qu'il ne commette la fornication avec Dina. Il était aussi prêt à se faire circoncire pour la seule raison d'avoir Dina pour femme. Il était aussi prêt à faire circoncire tous les hommes de sa tribu, juste pour qu'il puisse épouser Dina, sans penser à ce qui pourrait leur arriver. L'acte sexuel l'avait poussé à perdre complètement la tête.

Deuxièmement, il était prêt à pratiquer la ruse. En s'adressant à ses compatriotes, il cacha la véritable raison pour laquelle il voulait que les deux peuples s'unissent. La raison était sa passion, mais il présenta l'affaire comme si cela serait bénéfique pour son peuple. Il savait que s'il disait la vérité à ses gens, ils ne seraient pas prêts à le suivre. S'il n'avait pas commis la fornication, il n'aurait pas eu besoin de mentir.

Troisièmement, il ouvrit la porte pour que d'autres pèchent. Les fils de Jacob parlèrent avec ruse à lui et à son père. Ils n'avaient aucune intention de s'unir à eux pour former un seul peuple. Ils n'avaient également aucune intention de lui donner Dina en mariage. Mais, ils mentirent qu'ils feraient ces choses. Le péché de Sichem avait ainsi ouvert la porte pour que d'autres pèchent.

LE PRIX QU'IL PAYA

La Bible dit que le salaire du péché, c'est la mort. Le livre des Proverbes met en garde contre l'immoralité dans les termes suivants :

> « Mon fils, garde les préceptes de ton père, et ne rejette pas l'enseignement de ta mère. Lie-les constamment sur ton cœur, attache-les à ton cou. Ils te dirigeront dans ta marche, ils te garderont sur ta couche, ils te parleront à ton réveil. Car le précepte est une lampe, et l'enseignement une lumière, et les avertissements de la correction sont le chemin de la vie : ils te préserveront de la femme corrompue, de la langue doucereuse de l'étrangère. Ne la convoite pas dans ton cœur pour sa beauté, et ne te laisse pas séduire par ses paupières. Car pour la femme prostituée on se réduit à un morceau de pain, et la femme mariée tend un piège à la vie précieuse. Quelqu'un mettra-t-il du feu dans son sein, sans que ses vêtements s'enflamment ? Quelqu'un marchera-t-il sur des charbons ardents, sans que ses pieds soient brûlés ? Il en est de même pour celui qui va vers la femme de son prochain : quiconque la touche ne restera pas impuni. On ne tient pas pour innocent le voleur qui dérobe pour satisfaire son appétit, quand il a faim ; si on le trouve, il fera une restitution au septuple, il donnera tout ce qu'il a dans sa maison. Mais celui qui commet un adultère avec une femme est dépourvu de sens, celui qui veut se perdre agit de la sorte ; il n'aura que plaie et ignominie, et son opprobre ne s'effacera point. Car la jalousie met un homme en fureur, et il est sans pitié au jour de la vengeance ; il n'a d'égard à aucune rançon, et il est inflexible, quand même tu multiplierais les dons. » (Proverbes 6 : 20-35).

L'adultère tend un piège à la vie même d'un homme. La fornication aussi tend un piège à la vie même d'un homme. Celui qui commet l'adultère est dépourvu de sens. Celui qui le fait se détruit lui-même. Celui qui commet la fornication est dépourvu de sens. Celui qui le fait se détruit lui-même. Sichem commit la fornication. Il était dépourvu de sens. Il se détruisit lui-même. Aucune rançon, ni des dons multipliés ne pouvaient changer la situation :

- Il perdit sa propre vie.
- Il fit perdre la vie à son père.
- Il fit perdre la vie à ses compatriotes.
- Il fit passer toutes leurs richesses aux mains des autres.
- Il abandonna les « avertissements de la correction », et eux aussi l'abandonnèrent !

LA FOLIE DE DINA

Nous avons vu les conséquences du péché de Sichem sur lui-même, sur son père et sur son peuple. Il reste une question à considérer, c'est la conséquence de cet acte de fornication sur Dina.

Premièrement, il semblerait que Dina n'était pas totalement innocente. Elle sortit d'elle-même pour aller rendre visite aux femmes du pays. Elle aurait dû savoir que c'était risqué. Elle aurait dû sortir avec l'un de ses frères, ou ne pas sortir du tout. Elle fut imprudente. Il est possible qu'elle ait même cédé à une invitation ou à un désir de rendre visite à Sichem. Il semblerait que jusqu'à un certain niveau elle a été complice dans l'acte. Après que cela fut arrivé, elle resta chez Sichem. Elle était aussi intéressée par le mariage, car elle était restée chez Sichem dans l'espoir que sa famille y consentirait. En fait, il n'y rien qui montre qu'elle était affligée par le péché ou par les plans consécutifs. Il semblerait qu'au fond de son cœur, les standards de la pureté sexuelle étaient bas, et que le genre d'homme qu'elle voulait épouser et son état spirituel étaient incertains. Elle n'était pas prudente. Elle fut imprudente et elle fut utilisée. Elle perdit sa virginité et le premier homme qui la connut mourut en essayant d'arranger et de mettre au point les choses qui lui permettraient de l'épouser. C'était là un début horrible et quelque chose de mauvais qu'une jeune femme devait porter dans sa mémoire pour le reste de sa vie !

La fille ou la femme idiote qui se met à rendre visite aux hommes prend des risques. N'importe quoi peut lui arriver. Chaque visite ou chaque voyage, ou une chose semblable qui ne provient pas du cœur de Dieu, est susceptible de devenir une visite qui se termine dans les bras d'un Sichem, et il y a plusieurs hommes de ce genre qui attendent de telles femmes idiotes.

On n'a pas besoin de planifier le péché à l'avance pour devenir un adultère ou un fornicateur. On a juste besoin d'être imprudent. Tout ce qu'il faut, est d'être insensé. Oui, tout ce qu'il faut à quelqu'un, c'est être oisif. Tout ce qu'il lui faut, c'est faire des voyages auxquels le Seigneur ne l'a pas envoyé, et cela pourrait être le chemin vers une tombe de moralité. Cette mise en garde n'est pas seulement pour les femmes. Ce ne sont pas seulement les femmes qui pourraient tomber entre les mains d'hommes méchants et calculateurs. Il y a des hommes insensés qui peuvent aussi tomber dans le piège des Dina adultères. Le passage biblique suivant nous parle de la damnation d'un tel homme. Examinons-le et tirons une leçon de sa folie. La Parole de Dieu dit :

LA FORNICATION DE SICHEM AVEC DINA

« Mon fils, retiens mes paroles, et garde avec toi mes préceptes. Observe mes préceptes, et tu vivras ; garde mes enseignements comme la prunelle de tes yeux. Lie-les sur tes doigts, écris-les sur la table de ton cœur. Dis à la sagesse : tu es ma sœur ! Et appelle l'intelligence ton amie, pour qu'elles te préservent de la femme étrangère, de l'étrangère qui emploie des paroles doucereuses. J'étais à la fenêtre de ma maison, et je regardais à travers mon treillis. J'aperçus parmi les stupides, je remarquai parmi les jeunes gens un garçon dépourvu de sens. Il passait dans la rue, près de l'angle où se tenait une de ces étrangères, et il se dirigeait lentement du côté de sa demeure : c'était au crépuscule, pendant la soirée, au milieu de la nuit et de l'obscurité. Et voici, il fut abordé par une femme ayant la mise d'une prostituée et la ruse dans le cœur. Elle était bruyante et rétive ; ses pieds ne restaient point dans sa maison ; tantôt dans la rue, tantôt sur les places, et près de tous les angles, elle était aux aguets. Elle le saisit et l'embrassa, et d'un air effronté lui dit : Je devais un sacrifice d'actions de grâces, aujourd'hui j'ai accompli mes vœux. C'est pourquoi je suis sorti au-devant de toi pour te chercher, et je t'ai trouvé. J'ai orné mon lit de couvertures, de tapis de fil d'Égypte ; j'ai parfumé ma couche de myrrhe, d'aloès et de cinnamome. Viens, enivrons-nous d'amour jusqu'au matin, livrons-nous joyeusement à la volupté. Car mon mari n'est pas à la maison, il est parti pour un voyage lointain ; il a pris avec lui le sac de l'argent, il ne reviendra à la maison qu'à la nouvelle lune. Elle le séduisit à force de paroles, elle l'entraîna par ses lèvres doucereuses. Il se mit tout à coup à la suivre, comme le bœuf qui va à la boucherie, comme un fou qu'on lie pour le châtier jusqu'à ce qu'une flèche lui perce le foie, comme l'oiseau qui se précipite dans le filet, sans savoir que c'est au prix de sa vie. » (Proverbes 7 : 1-23).

Ce jeune homme insensé avait choisi le mauvais chemin. Il avait choisi le mauvais moment, le crépuscule, pendant la soirée. Il n'avait pas lu le message écrit sur ses habits. Il refusa de lire les avertissements qui étaient si clairement écrits dans ses paroles. Il crut qu'il était spécial, refusant de reconnaître le fait qu'il était un insensé spécial, car elle avait dû tenter de piéger d'autres, mais sans succès. Il écouta les préparatifs qu'elle avait faits, et pensa qu'il pouvait se réjouir par ce qui était interdit. Il céda à son langage séducteur et refusa de résister à ses avances contraignantes. Il la suivit sans réfléchir davantage, et se dirigea vers la mort. L'homme qui suit la femme d'un autre ou une femme non mariée pour des rapports sexuels le fait pour sa mort celle de la femme ! Pour cela, la Parole de Dieu met en garde :

> *« Et maintenant, mes fils, écoutez-moi et soyez attentifs aux paroles de ma bouche. Que ton cœur ne se détourne pas vers les voies d'une telle femme, ne t'égare pas dans ses sentiers. Car elle a fait tomber beaucoup de victimes, et ils sont nombreux, tous ceux qu'elle a tués. Sa maison, c'est le chemin du séjour des morts ; il descend vers les demeures de la mort. »* (Proverbes 7 : 24-27).

La Parole de Dieu dit qu'elle a fait tomber beaucoup de victimes. Ne deviens pas l'une d'elles ! La Parole de Dieu ajoute : « Sa maison, c'est le chemin du séjour des morts. » Ne te dirige pas vers ce chemin. La Bible dit que sa maison est le chemin qui descend vers les demeures de la mort. Ne passe pas par ce chemin.

Dina marcha de manière insensée et fut piégée ! Elle aurait dû être sage. Le dommage en elle - la perte de sa virginité - fut permanent. Elle aurait pu être plus sage, mais elle ne le fut pas.

Quant à toi, garde la Parole de Dieu dans ton cœur. Garde-la continuellement devant toi. Ne te permets pas le luxe d'une expérience avec le péché. Les résultats pourraient être désastreux. Tu pourrais ne plus être vivant pour raconter l'histoire. Cela te coûtera la vie spirituelle. Cela t'apportera la mort spirituelle. Cela pourrait aussi t'apporter la mort physique ! La Bible dit :

> « Prenez donc garde afin de vous conduire avec circonspection, non comme des insensés, mais comme des sages ; rachetez le temps, car les jours sont mauvais. C'est pourquoi ne soyez pas inconsidérés, mais comprenez quelle est la volonté du Seigneur. » (Éphésiens 5 : 15-17).

> « Ce que Dieu veut, c'est votre sanctification ; c'est que vous vous absteniez de la débauche » (1 Thessaloniciens 4 : 3).

L'apôtre Pierre conseille :

> « C'est pourquoi, ceignez les reins de votre entendement, soyez sobres, et ayez une entière espérance dans la grâce qui vous sera apportée, lorsque Jésus-Christ apparaîtra. Comme des enfants obéissants, ne vous conformez pas aux convoitises que vous aviez autrefois, quand vous étiez dans l'ignorance. Mais, puisque celui qui vous a appelés est saint, vous aussi soyez saints dans toute votre conduite, selon qu'il est écrit : Vous serez saints, car je suis Saint. Et si vous invoquez comme Père celui qui juge selon l'œuvre de chacun, sans favoritisme, conduisez-vous avec crainte pendant le temps de votre séjour sur la terre » (1 Pierre 1 : 13-17).

2
L'ADULTÈRE DE RUBEN AVEC BILHA

Bilha était la servante de Rachel. Plus tard, elle devint la femme de Jacob. La Bible dit :

« *Lorsque Rachel vit qu'elle ne donnait point d'enfants à Jacob, elle porta envie à sa sœur, et elle dit à Jacob : Donne-moi des enfants, ou je meurs ! La colère de Jacob s'enflamma contre Rachel, et il lui dit : Suis-je à la place de Dieu qui t'empêche d'être féconde ? Elle dit : Voici ma servante Bilha ; va vers elle ; qu'elle enfante sur mes genoux, et que par elle j'aie aussi des fils. Et elle lui donna pour femme Bilha, sa servante ; et Jacob alla vers elle. Bilha devint enceinte, et enfanta un fils à Jacob.* » (Genèse 30 : 1-5).

Ruben était le premier fils de Jacob. Il commit la tragédie de commettre l'adultère avec Bilha. La Bible dit :

« *pendant qu'Israël habitait cette contrée, Ruben alla coucher avec Bilha, concubine de son père. Et Israël l'apprit.* » (Genèse 35 : 22).

Israël (Jacob) apprit cela et ne dit rien à ce sujet, mais l'affaire n'était pas réglée. Ruben avait cédé à ses passions à un moment de faiblesse et commit l'inceste avec la femme de son père. Les conséquences vinrent plus tard.

Quand Jacob était sur le point de mourir, il appela ses fils et leur dit :

> « *Assemblez-vous, et je vous annoncerai ce qui vous arrivera dans la suite des temps. Rassemblez-vous, et écoutez, fils de Jacob ! Écoutez Israël votre père.* » *(Genèse 49 : 1-2).*

Il commença ensuite par Ruben son premier fils et dit :

> « *Ruben, toi, mon premier-né, ma force et les prémices de ma vigueur, supérieur en dignité et supérieur en puissance, impétueux comme les eaux, tu n'auras pas la prééminence ! Car tu es monté sur la couche de ton père, tu as souillé ma couche en y montant.* » *(Genèse 49 : 3-4).*

Il était son premier-né ; il était sa force ; il était les prémices de sa vigueur ; il était supérieur en dignité ; il était supérieur en puissance, mais à cause de son acte adultère, il n'allait pas avoir la prééminence ! Il perdit son droit d'aînesse à cause de l'adultère. Ce droit fut donné à Joseph qui résista à la tentation de commettre l'adultère. Jacob dit de lui :

> « *Joseph est le rejeton d'un arbre fertile, le rejeton d'un arbre fertile près d'une source : les branches s'élèvent au-dessus de la muraille. Ils l'ont provoqué, ils ont lancé des traits ; les archers l'ont poursuivi de leur haine. Mais son arc est demeuré ferme, et ses mains ont été fortifiées par les mains du Puissant de Jacob ; il est ainsi devenu le berger, le rocher d'Israël. C'est l'œuvre du Dieu de ton père, qui t'ai-*

dera ; c'est l'œuvre du Tout-Puissant, qui te bénira des bénédictions des cieux en haut, des bénédictions des eaux en bas, des bénédictions des mamelles et du sein maternel. Les bénédictions de ton père s'élèvent au-dessus des bénédictions de mes pères jusqu'à la cime des antiques collines : qu'elles soient sur la tête de Joseph, sur le sommet de la tête du prince de ses frères. » (Genèse 49 : 22-26).

LES RÉPERCUSSIONS PROFONDES

L'adultère commis par Ruben ne l'avait pas affecté seul. Il affecta aussi ses enfants et ses petits-enfants. Quand Moïse, serviteur de l'Éternel bénissait les petits-enfants de Jacob, il dit de Ruben :

« Que Ruben vive et qu'il ne meure point, et que ses hommes soient nombreux » (Deutéronome 33 : 6).

Il dit ensuite de Joseph :

« Son pays recevra de l'Éternel, en signe de bénédiction, le meilleur don du ciel, la rosée, les meilleures eaux qui sont en bas, les meilleurs fruits du soleil, les meilleurs fruits de chaque mois, les meilleurs produits des antiques montagnes, les meilleurs produits de la terre et de ce qu'elle renferme. Que la grâce de celui qui apparut dans le buisson vienne sur la tête de Joseph, sur le sommet de la tête du prince de ses frères ! De son taureau premier-né il a la majesté ; ses cornes sont les cornes du buffle ; avec elles il frappera tous les peuples, jusqu'aux extrémités de la terre : elles sont les myriades d'Ephraïm, elles sont les milliers de Manassé. » (Deutéronome 33 : 13-17).

Comme cela est immédiatement évident, Moïse bénit Ruben jusqu'au niveau où son père l'avait béni. Il l'avait plus ou moins toléré. Il bénit aussi Joseph jusqu'à un degré ayant des répercussions profondes, jusqu'au degré où son père l'avait béni et plus ! La tribu de Ruben s'établit du mauvais côté du Jourdain. Ils ne traversèrent pas le Jourdain pour entrer dans la Terre Promise ! Ils s'établirent pour le second choix. La conséquence du péché d'adultère de Ruben avec la femme de son père continuait ainsi, et c'en était une partie. Il s'engagea premièrement dans la sexualité interdite, et plus tard, s'établit sur une propriété interdite. Ceux qui sont déformés dans les affaires sexuelles pourraient être piégés par l'amour de l'argent ou la convoitise de la puissance. Un péché en appelle un autre.

Ruben avait causé à ses descendants un dommage aux répercussions profondes, par son immoralité sexuelle. Ils avaient beaucoup souffert à cause de son péché. Il ne s'en était jamais repenti et n'avait jamais imploré le pardon de son père. Il porta donc la conséquence sur lui-même et sur ses descendants.

Nul ne commet le péché juste pour lui-même. Chaque acte de péché a des répercussions sur l'individu et sur ses descendants. Penses-y soigneusement et rassure-toi que tu n'es pas en train de creuser une tombe pour tes enfants, tes petits-enfants et tes arrière-petits-enfants. Guehazi tenta d'acquérir faussement de la richesse, et la lèpre de Naaman vint sur lui et sur ses descendants à jamais. La Bible dit :

> « *Mais Élisée lui dit : Mon esprit n'était pas absent lorsque cet homme a quitté son char pour venir à ta rencontre. Est-ce le temps de prendre de l'argent et de prendre des vêtements, puis des oliviers, des vignes, des brebis, des bœufs, des serviteurs et des servantes ? La lèpre de Naaman s'attachera à toi et à ta postérité pour toujours. Et*

Guéhazi sortit de la présence d'Élisée avec une lèpre comme la neige. » (2 Rois 5 : 26-27).

Une fois de plus, nous t'exhortons à réfléchir soigneusement. Le plaisir de quelques minutes pourrait être suivi par une vie de tristesse pour toi-même et pour tous tes enfants. Tu ferais mieux d'être sage ! Tu ferais mieux d'agir sagement. Éloigne-toi de la folie : la Bible dit :

« *La folie est une femme bruyante, stupide et ne sachant rien. Elle s'assied à l'entrée de sa maison, sur un siège, dans les hauteurs de la ville, pour crier aux passants, qui vont droit leur chemin : que celui qui est stupide entre ici ! Elle dit à celui qui est dépourvu de sens : les eaux dérobées sont douces, et le pain du mystère est agréable ! Et il ne sait pas que là sont les morts, et que ses invités sont dans les vallées du séjour des morts.* » *(Proverbes 9 : 13-18).*

3
L'ADULTÈRE DE JUDA AVEC TAMAR

« En ce temps-là, Juda s'éloigna de ses frères, et se retira vers un homme d'Adullam, nommé Hira. Là, Juda vit la fille d'un Cananéen, nommé Schua ; il la prit pour femme, et alla vers elle. Elle devint enceinte, et enfanta un fils qu'elle appela Er. Elle devint encore enceinte, et enfanta un fils, qu'elle appela Onan. Elle enfanta de nouveau un fils, qu'elle appela Schéla ; Juda était à Czib quand elle l'enfanta. Juda prit pour Er, son premier-né, une femme nommée Tamar. Er, premier-né de Juda, était méchant aux yeux de l'Éternel ; et l'Éternel le fit mourir. Alors Juda dit à Onan : Va vers la femme de ton frère, prends-la comme beau-frère, et suscite une postérité à ton frère. Onan, sachant que cette postérité ne serait pas à lui, se souillait à terre lorsqu'il allait vers la femme de son frère, afin de ne pas donner de postérité à son frère. Ce qu'il faisait déplut à l'Éternel, qui le fit aussi mourir. Alors Juda dit à Tamar, sa belle-fille : Demeure veuve dans la maison de ton père, jusqu'à ce que Schéla, mon fils, soit grand. Il parlait ainsi dans la crainte que Schéla ne mourût comme ses frères. Tamar s'en alla, et habita dans la maison de son père.

Les jours s'écoulèrent, et la fille de Schua, femme de Juda mourut. Lorsque Juda fut consolé, il monta à Thimna, vers ceux qui tondaient ses brebis, lui et son ami Hira, l'Adullamite. On en informa Tamar, et on lui dit : Voici ton beau-père qui monte à Thimna, pour tondre ses brebis. Alors elle ôta ses habits de veuve, elle se couvrit d'un voile et s'enveloppa, et elle s'assit à l'entrée d'Enaïm, sur le chemin de Thimna ; car elle voyait que Schéla était devenu grand, et qu'elle ne lui était point donnée pour femme. Juda la vit, et la prit pour une prostituée, parce qu'elle avait couvert son visage. Il l'aborda sur le chemin, et dit : Laisse-moi aller vers toi. Car il ne connut pas que c'était sa belle-fille. Elle dit : Que me donneras-tu pour venir vers moi ? Il répondit : Je t'enverrai un chevreau de mon troupeau. Elle dit : Me donneras-tu un gage, jusqu'à ce que tu l'envoies ? Il répondit : Quel gage te donnerai-je ? Elle dit : Ton cachet, ton cordon, et le bâton que tu as à la main. Il les lui donna. Puis il alla vers elle ; et elle devint enceinte de lui. Elle se leva, et s'en alla ; elle ôta son voile, et remit ses habits de veuve.

Juda envoya le chevreau par son ami l'Adullamite pour retirer le gage des mains de la femme. Mais il ne la trouva point. Il interrogea les gens du lieu, en disant : Où est cette prostituée qui se tenait à Enaïm, sur le chemin ? Ils répondirent : Il n'y a point eu ici de prostituée. Il retourna auprès de Juda, et dit : Je ne l'ai pas trouvée, et même les gens du lieu ont dit : il n'y a point eu ici de prostituée. Juda dit : Qu'elle garde ce qu'elle a ! Ne nous exposons pas au mépris. Voici, j'ai envoyé ce chevreau, et tu ne l'as pas trouvée.

Environ trois mois après, on vint dire à Juda : Tamar, ta belle-fille, s'est prostituée, et même la voilà enceinte à la suite de sa prostitution. Et Juda dit : Faites-la sortir, et qu'elle soit brûlée. Comme on l'amenait dehors, elle fit dire à son beau-père : C'est de l'homme à qui ces choses appartiennent que je suis enceinte ; reconnais, je te prie, à qui sont ce cachet, ces cordons et ce bâton ; Juda les reconnut, et dit : *Elle est moins coupable que moi, puisque je ne l'ai pas donnée à Schéla, mon fils. Et il ne la connut plus.*

Quand elle fut au moment d'accoucher, voici, il y avait deux jumeaux dans son ventre. Et pendant l'accouchement, il y en eut un qui présenta la main ; la sage-femme la prit, et y attacha un fil cramoisi, en disant : celui-ci sort le premier. Mais il retira la main, et son frère sortit. Alors la sage-femme dit : Quelle brèche tu as faite ! Et elle lui donna le nom de Pérets. Ensuite sortit son frère, qui avait à la main le fil cramoisi ; et on lui donna le nom de Zérach. » (Genèse 38 : 1-30).

« *Généalogie de Jésus-Christ, fils de David, fils d'Abraham. Abraham engendra Isaac ; Isaac engendra Jacob ; Jacob engendra Juda et ses frères ; Juda engendra de Thamar Pérets et Zara ; Pérets engendre Esrom ; Esrom engendra Aram ; Aram engendra Aminadab ; Aminadab engendra Naasson ; Naasson engendra Salmon ; Salmon engendra Boaz de Rahab ; Boaz engendra Obed de Ruth ; Obed engendra Isaï, Isaï engendra David.* » (Matthieu 1 : 1-6).

LA FAUSSETÉ

L'histoire entière contient beaucoup de leçons pour notre instruction. La première leçon a trait au caractère de Juda. Il pouvait facilement pratiquer la fausseté. Il dit à sa belle-fille ;

« *Demeure veuve dans la maison de ton père, jusqu'à ce que Schéla, mon fils, soit grand.* » (Genèse 38 : 11).

Il donna l'impression qu'il la lui donnerait lorsqu'il sera grand, alors qu'il n'avait pas l'intention de le faire, de crainte qu'il ne mourût. Il mentit. Les gens qui mentent dans un domaine de leurs vies commettront facilement l'adultère ou la fornication, car l'adultère et la fornication sont tous les deux, des actes de fausseté. Dans l'adultère, un homme agit comme si quelqu'un qui appartient à une autre personne lui appartenait en tant que sa femme. Dans la fornication, une personne non mariée agit comme si elle était mariée ! Il manquait à Juda le courage nécessaire pour dire la vérité. Il établit ainsi une fondation pour une chaîne de péchés ayant des conséquences profondes.

LE CARACTÈRE DE JUDA

Quand Tamar apprit que Juda allait à Thimna, les plans qu'elle fit et le piège qu'elle lui tendit indiquent le fait qu'elle savait là où elle pouvait le piéger. Elle avait dû découvrir au cours des années de vie dans sa maison, que Juda était le type d'homme qui pouvait facilement aller vers une prostituée dans une ville étrangère. Il se pourrait qu'il était réputé comme celui qui courait après les prostituées, ou qu'il était quelqu'un qui pouvait le plus facilement céder. C'est cette connaissance qui la poussa à tendre ce piège, et la facilité avec laquelle il y tomba prouve combien elle l'avait étudié et connu !

Dans un sens, ce qui remplit un homme s'écoule toujours au dehors. Un homme dont le cœur est occupé par l'adultère ou des pensées de fornication, ou dans la vie duquel il y a des actes secrets d'immoralité, peut facilement être discerné. C'est comme si quelque chose portant le témoignage suivant s'écoulait de lui : « Voici un homme ayant des standards moraux bas ». La même chose peut être dite des femmes. Il existe des femmes dont chaque regard semble dire : « je suis disponible ». Tu pourrais prétendre au sujet de ta sainteté intérieure, mais lorsque tu confrontes une âme qui est pure et qui marche proche du Seigneur, tout ce qui te remplit est immédiatement exposé. Chaque personne laisse des impressions de ce qu'est son cœur sur toute personne qu'elle rencontre et sur toute chose qu'elle touche. Même les paroles qui sortent d'une personne l'exposent.

Juda était connu par Tamar comme un homme qui pouvait aller vers une prostituée. Es-tu connu comme étant un homme qui ne va pas après une prostituée ? Es-tu connu comme un homme qui ne cède pas à une tentation sexuelle ? Es-tu un homme en la compagnie duquel les gens peuvent confier leurs femmes, leurs filles et amies ? Tu pourrais demander : « Comment puis-je le savoir ? » Tu peux le savoir si tu as un cœur pur. Tu peux le savoir si ton histoire passée a été celle dans laquelle chaque tentation à l'immoralité sexuelle a été repoussée dès ses premiers jaillissements dans ta pensée. Si tu es un homme qui ne tolère aucune pensée sexuelle même pour une seconde, alors, on peut te faire confiance. Si tes pensées sont sexuellement impures, tu es dangereux parce que dans des circonstances favorables, ce qui est dans les pensées d'un homme saisira l'occasion de s'extérioriser.

L'ENVIRONNEMENT SPIRITUEL

Il a été dit avec raison « Dis-moi qui tu hantes, je te dirai qui tu es. » Juda choisit un environnement spirituel qui indiquait ce qui était dans son cœur. Premièrement, il s'éloigna de ses frères et se tourna vers un certain homme d'Adullam. Il alla loin de ses frères ! Deuxièmement, bien qu'il pût chercher et épouser une Israélite, il ne le fit pas. La Bible dit :

« *Là Juda vit la fille d'un Cananéen, nommé Shua ; il la prit pour femme, et alla vers elle.* » *(Genèse 38 : 2).*

Il préférait les femmes Cananéennes aux filles d'Israël. Il y eut dans son cœur un éloignement de ses frères, de son peuple et de son Dieu.

L'Adullamite Hira qui devint son ami était aussi un homme de basse moralité. C'était le genre d'homme qui pouvait aller en voyage avec Juda et s'éloigner de lui pour quelque temps afin de lui permettre de chercher une prostituée et de l'utiliser. Sa présence n'empêcha pas Juda de pécher. Au contraire, elle l'encouragea, peut-être parce que lui aussi était un homme qui pouvait aller vers une prostituée ! Il était le genre d'homme qui pouvait accomplir les commissions pécheresses, comme celle d'essayer d'aider Juda à récupérer les choses qu'il avait données en guise de gage à la prostituée :

As-tu jamais sérieusement pensé à ton environnement spirituel ? Quelle est l'attitude de :

- ton mari,
- ta femme,
- ton ami,
- tes amis,
- tes co-ouvriers,
- tes dirigeants spirituels,

à l'exigence biblique de pureté sexuelle ? Tu es susceptible de t'éloigner des péchés que les gens de ton environnement spirituel ne commettent pas, et tu es aussi susceptible de commettre les péchés que commettent les gens qui te sont les plus proches. Mon cher frère, ma chère sœur, fais attention ! Si la personne qui t'est la plus proche a une faiblesse quelconque dans le domaine sexuel, romps immédiatement la relation, afin de te protéger. Sinon, tu risques de te retrouver en train de commettre l'immoralité avec la personne ou avec une autre personne ! Quelque chose de « l'esprit » de la personne la plus proche de toi va se saisir de toi pour le meilleur ou pour le pire, à moins que tu n'appliques une mesure draconienne à ce sujet. Vas-tu obéir ? Vas-tu obéir ? Ne dis pas que tu es trop fort. Tu ne l'es pas. Tu es probablement sur le point de tomber.

La réalité est que les « forces intérieures » communes et les « faiblesses intérieures » communes attirent mutuellement les gens. Tu ne réalises probablement pas que la personne immorale est attirée par toi à cause d'une faiblesse intérieure vers la tentation sexuelle qui, sans que tu le saches, pourrait être en toi ! Tu peux tester ceci en notant par écrit les principales forces de cinq des personnes qui te sont les plus proches et aussi leurs principales faiblesses, et tu te rendras compte que tu tends à être fort là où elles sont fortes, et faible là où elles sont faibles. Ceci devrait te guider sur la façon de te conduire toi-même.

LES STANDARDS DOUBLES

Quand Juda apprit que Tamar était enceinte, il n'examina pas minutieusement le problème. Il la condamna immédiatement d'un jugement sévère : « Faites-la sortir, et qu'elle soit brûlée ». La chose triste est qu'il y a des gens qui sont très stricts envers les autres dans les domaines où eux-mêmes sont faibles. Il n'est pas rare de trouver un parent qui ne pouvait pas réussir aux examens à l'école, menacer un enfant faible académiquement, comme si lui-même était l'incarnation de l'excellence académique. La plupart des gens semblent être durs et impitoyables envers ceux qui commettent le même péché qu'eux. Un dirigeant militaire monté au pouvoir après avoir renversé le dirigeant précédent n'épargne jamais ceux qui tentent de déstabiliser son gouvernement. Il ne devrait pas en être ainsi. Le Seigneur Jésus enseigna que nous devons faire aux autres ce que nous voudrions qu'ils nous fassent. Seul l'homme qui n'a jamais eu une pensée impure depuis le jour où il est né jusqu'au jour où il est allé retrouver Jésus au ciel, devrait refuser de pardonner à ceux qui sont tombés. Il reste une question importante : « Attends-tu de ta femme, de tes enfants, de tes amis, de tes parents, des standards sexuels plus élevés que ceux que tu maintiens toi-même ? » Si c'est le cas, tu devrais te repentir. Premièrement, établis par ta vie, les standards que tu veux qu'ils suivent, ensuite les autres écouteront et obéiront au message de ta vie et de tes paroles !

PAS DE REPENTANCE

Juda fut exposé lorsque Tamar montra qu'il était le père des enfants qui étaient dans son sein. Il aurait pu se repentir de son péché, mais il ne le fit pas. Tout ce qu'il dit, c'est qu'elle était plus juste que lui. Il avait dû être un peu embarrassé d'être exposé, mais ce n'était pas une réelle repentance ! Il vit l'homme, mais il ne vit pas Dieu. Il était spirituellement aveugle. Il ne vit pas qu'il avait commis un grand mal et une grande méchanceté contre le Seigneur, contre Tamar, contre les enfants qui proviendront de cet acte, et contre lui-même !

Chaque acte d'adultère a des conséquences même s'il n'y a pas de grossesse qui en résulte. Nul croyant n'est tout à fait le même après qu'il a commis l'adultère ou la fornication, à moins que ce soit suivi d'un très profond regret pour le péché, de la repentance du péché, de la restauration au Seigneur et d'une fraîche et continuelle expérience d'une vie remplie de l'Esprit.

LA MISÉRICORDE ILLIMITÉE DE DIEU

L'adultère de Juda aboutit à la naissance de Pérets. La chose qui inspire une crainte respectueuse est que Pérets fut un ancêtre du Seigneur Jésus. Des mots me manquent pour communiquer cela, mais je suis émerveillé par la miséricorde surabondante de Dieu. Juda, par son adultère, avait plus ou moins détruit la chose que Dieu avait pensée, mais Dieu, qui est riche en miséricorde, intervint et utilisa l'enfant issu de ce péché pour continuer Son dessein. Combien Dieu est grand ! Combien Ses voies sont insondables !

Je suis également émerveillé par le fait que la prostituée Rahab est une ancêtre du Seigneur Jésus ! Comment pouvait-il en être ainsi ? Je ne peux voir la réponse que dans le fait qu'Il est un Dieu de miséricorde et que Ses desseins ne peuvent pas être détournés. Je peux l'entendre me dire et peut-être à toi aussi :

> « *Souvenez-vous de ces choses, et soyez des hommes ! Pécheurs, rentrez en vous-mêmes ! Souvenez-vous de ce qui s'est passé dès les temps anciens ; car je suis Dieu, et il n'y en a point d'autre, Je suis Dieu et nul n'est semblable à moi. J'annonce dès le commencement ce qui doit arriver, et longtemps d'avance ce qui n'est pas encore accompli ; je dis : Mes arrêts subsisteront, et j'exécuterai toute ma volonté. C'est moi qui appelle de l'orient un oiseau de proie, d'une terre lointaine un homme pour accomplir mes desseins. Je l'ai dit, et je le réaliserai, je l'ai conçu, et je l'exécuterai.* » (Ésaïe 46 : 8-11).

Es-tu celui qui est tombé dans la dégradation de l'adultère ou de la fornication ? Tu as commis un péché très grave, mais Dieu ne S'est pas encore détourné de toi. Tu peux encore te lever et Le chercher. Repens-toi aujourd'hui. Confesse-Lui ton péché. Cherche-Le pour la restauration. Implore-Le de t'accepter encore dans Son sein. Il t'écoutera. Il te pardonnera et te restaurera. Il te permettra d'aller de l'avant et d'accomplir le plan qu'Il avait initialement pour toi. Oui, Il le fera ! Il le fera ! Il dit dans Sa Parole :

« L'Éternel fait justice, Il fait droit à tous les opprimés. Il a manifesté ses voies à Moïse, ses œuvres aux enfants d'Israël. L'Éternel est miséricordieux et compatissant, lent à la colère et riche en bonté ; il ne conteste pas sans cesse, il ne garde pas sa colère à toujours ; il ne nous traite pas selon nos péchés, Il ne nous punit pas selon nos iniquités. Mais autant les cieux sont élevés au-dessus de la terre, autant sa bonté est grande pour ceux qui le craignent ; autant l'orient est éloigné de l'occident, autant il éloigne de nous nos transgressions. Comme un père a compassion de ses enfants, l'Éternel a compassion de ceux qui le craignent. Car Il sait de quoi nous sommes formés, il se souvient que nous sommes poussière. » (Psaume 103 : 6-14).

Oui, repens-toi et cherche-Le. Il te sauvera et tu ne seras plus jamais le même ! Amen.

PÉCHERIONS-NOUS AFIN QUE LA GRÂCE SURABONDE ?

Bien qu'il y ait le pardon pour l'adultère et le fornicateur, quiconque espère commettre ces péchés et être pardonné peut être sûr qu'il périra. On ne se moque pas de Dieu. Ce qu'un homme sème, c'est ce qu'il récolte. Il n'y a pas d'autre issue. Tous ceux qui planifient le péché et l'exécutent sont des enfants du malin, et n'ont jamais véritablement appartenu au Seigneur !

Le péché de Juda eut des conséquences considérables. Jacob dit de Juda :

> « *Le sceptre ne s'éloignera point de Juda, ni le bâton souverain d'entre ses pieds, jusqu'à ce que vienne le schilo, et que les peuples lui obéissent.* » *(Genèse 49 : 10).*

Le sceptre ne s'éloigna jamais de Juda, mais ses descendants qui régnèrent, eurent d'énormes problèmes avec les femmes. Le roi David eut des problèmes avec les femmes. Salomon eut d'énormes problèmes avec les femmes. Le fils de Salomon qui devint roi eut l'histoire sexuelle suivante :

> « *Roboam prit pour femme Mahalath, fille de Jerimoth, fils de David et d'Abichaïl, fille d'Eliab, fils d'Isaï. Elle lui enfanta des fils : Jeusch, Schemaria et Zaham. Après elle, il prit Maaca, fille d'Absalom. Elle lui enfanta Abidja, Attaï, Zira et Schelomith. Roboam aimait Maaca fille d'Absalom, plus que toutes ses femmes et ses concubines ; car il eut dix-huit femmes et soixante concubines et il engendra vingt-huit fils et soixante filles.* » *(2 Chroniques 1 : 18-21).*

Que chaque homme soit averti ; chaque acte d'adultère ou de fornication est une sorte de suicide. C'est aussi la destruction de ta progéniture. Tu ne peux pas te permettre d'être indifférent à ce qui détruit les rois et qui certainement, te détruira ainsi que les tiens !

Ne sois pas comme Juda. Il aurait pu s'excuser et dire : « J'ai perdu ma femme, ne dois-je pas me défouler ? » Eh bien, il était sous pression, mais nous savons que ce qui est dans le tréfonds d'un homme s'extériorise quand il est sous pression.

La rectitude intérieure brave l'épreuve du temps et des circonstances, la faillite morale intérieure est aussi pareillement révélée. Ton vrai caractère est ce qui se manifeste lorsque tu es sous pression. T'es-tu arrêté pour réfléchir sur la façon dont tu as agi sous pression ? Quand tu étais acculé, as-tu cédé ou bien as-tu eu la force de résister ? Si tu as été capable de résister, tu as du caractère. Protège cela et fortifie-le. Si tu as cédé, invoque Dieu pour la miséricorde. Tu es sur le chemin de la ruine car cela peut se répéter plusieurs fois.

QU'EN EST-IL DE TAMAR ?

Le beau-père de Tamar lui avait fait du tort. Il ne lui donna pas le mari qui lui fut promis. Si elle avait été une femme de caractère, elle aurait élevé l'affaire à Dieu dans la prière. Cependant, elle était sans scrupule. Elle prit les choses en main et joua à la prostituée afin de se venger. Elle était prête à utiliser le sexe comme arme. Pour elle, La fin justifiait les moyens.

Ses standards moraux étaient aussi bas que ceux de son beau-père. Juda semblait avoir choisi pour son fils, une femme selon ses propres standards moraux.

C'était normal qu'elle se conforme à ses standards, et elle le fit. De toute façon, elle n'avait rien à gagner. Elle avait perdu deux maris et n'eut plus jamais de relation sexuelle avec Juda ! Que tous ceux qui connaissent et aiment le Seigneur Jésus marchent dans la vérité. Qu'ils marchent devant Dieu et qu'ils marchent en toute vérité. Ce n'est qu'alors qu'ils peuvent s'attendre à des bénédictions dans cette vie et dans la vie à venir. Amen.

4
LA VIE D'ADULTÈRE DE SAMSON

UN COMMENCEMENT UNIQUE

Samson avait été mis à part par le Seigneur avant qu'il ne fût conçu dans le sein de sa mère. La Bible dit :

> « *Il y avait un homme de Tsorea, de la famille des Danites, et qui s'appelait Manoach. Sa femme était stérile, et n'enfantait pas. Un ange de l'Éternel apparut à la femme, et lui dit : Voici, tu es stérile, et tu n'as point d'enfants ; tu deviendras enceinte, et tu enfanteras un fils. Maintenant prends bien garde, ne bois ni vin ni liqueur forte, et ne mange rien d'impur. Car tu vas devenir enceinte et tu enfanteras un fils. Le rasoir ne passera point sur sa tête, parce que cet enfant sera consacré à Dieu dès le ventre de sa mère ; et ce sera lui qui commencera à délivrer Israël de la main des Philistins.* » (*Juges 13 : 2-5*).

Samson naquit et grandit et l'Éternel le bénit. La Bible dit : « Et l'esprit de l'Éternel commença à l'agiter à Machané-Dan, entre Tsorea et Eschthaol ».

LE DÉBUT DE LA TRAGÉDIE

La Bible dit :

> « *Samson descendit à Thimna, et il y vit une femme parmi les filles des Philistins. Lorsqu'il fut remonté, il le déclara à son père et à sa mère, et dit : J'ai vu à Thimna une femme parmi les filles des Philistins ; prenez-la maintenant pour ma femme. Son père et sa mère lui dirent : n'y a-t-il point de femmes parmi les filles de tes frères et dans tout notre peuple, que tu ailles prendre une femme chez les Philistins, qui sont incirconcis ? Et Samson dit à son père : prends-la pour moi, car elle me plaît.* » (Juges 14 : 1-3).

Les yeux de Samson étaient fermés aux filles de son peuple. Ils étaient ouverts à la fille des incirconcis. Samson ne pouvait pas être ramené à la raison. Il était motivé par sa passion. Il n'avait qu'une seule raison pour laquelle il voulait cette femme : elle lui plaisait ! Ce n'était pas son caractère qui l'attirait. C'était la beauté de sa figure et de sa forme. Cette beauté lui fit perdre toute raison.

Samson était en train de manifester par là une caractéristique dangereuse : il était un homme sans retenue. Il était enclin à obtenir ce qui lui plaisait. Il ne voulait pas penser aux conséquences de son choix. Il vivait pour le « ici et maintenant ». Un autre comme lui allait vivre et voici ce qu'il dit :

> « *Tout ce que mes yeux avaient désiré, je ne les en ai point privés ; je n'ai refusé à mon cœur aucune joie.* » (Ecclésiaste 2 : 10),

et il dérailla avec l'amour pour les femmes et l'adoration de leurs idoles.

Il y a une mise en garde dans la Parole. Elle dit :

> « *La grâce est trompeuse, et la beauté est vaine ; la femme qui craint l'Éternel est celle qui sera louée.* » (Proverbes 31 : 30).

La femme Philistine que Samson voulait avait la grâce et la beauté, mais Samson n'avait pas fait des recherches sur la profondeur et l'ampleur de son caractère ! Il était attiré, épris, totalement emporté par ce qui est vain et éphémère ! Oh, s'il avait écouté ses parents ! Oh, s'il était soumis à la correction ! Il était fort et impulsif et avait une volonté forte. Ce sont là les marques des hommes qui tombent en ruine.

L'AVERTISSEMENT PRÉLIMINAIRE

Samson proposa aux Philistins une énigme et au bout de trois jours, ils ne purent la lui expliquer. Au lieu de se tourner vers Samson et de lui confesser leur échec, ils se tournèrent vers sa femme. La Bible dit :

> « *Le septième jour, ils dirent à la femme de Samson : Persuade à ton mari de nous expliquer l'énigme ; sinon, nous te brûlerons, toi et la maison de ton père. C'est pour nous dépouiller que vous nous avez invités, n'est-ce pas ? La femme de Samson pleurait auprès de lui, et disait : Tu n'as pour moi que de la haine, et tu ne m'aimes pas ; tu as proposé une énigme aux enfants de mon peuple, et tu ne me l'as point expliquée ! Et il lui répondait : Je ne l'ai expliquée ni à mon père ni à ma mère ; est ce à toi que je l'expliquerais ? Elle pleura auprès de lui pendant les sept jours que dura leur festin ; et le septième jour, il la lui expliqua, car elle le tourmentait. Et elle donna l'explication de l'énigme aux enfants de son peuple. Les gens de la ville dirent à Samson le septième jour, avant le coucher du soleil ; quoi de plus doux que le miel, et quoi de plus fort que le lion ? Et il leur dit : Si vous n'aviez pas labouré avec ma génisse, vous n'auriez pas découvert mon énigme.* » (Juges 14 : 15-18).

Cette expérience aurait dû apprendre à Samson un certain nombre de leçons : premièrement, qu'il était un homme faible qui pouvait agir sous la pression pour faire ce qu'il ne voulait pas faire. Deuxièmement, que les femmes avaient une grande puissance sur lui et pouvaient l'amener à faire ce qu'il ne voulait pas faire. Troisièmement, qu'une femme Philistine était plus loyale à son peuple qu'à son mari. S'il avait appris ces leçons et les avait appliquées dans le futur, elles lui auraient épargné le désastre. Malheureusement, il ne le fit pas !

Il ne fut probablement pas ramené à la raison, car il était capable de payer facilement le prix de l'énigme. La Bible dit :

« *L'Esprit de l'Éternel le saisit, et il descendit à Askalon. Il y tua trente hommes, prit leurs dépouilles, et donna les vêtements de rechange à ceux qui avaient expliqué l'énigme. Il était enflammé de colère, et il monta à la maison de son père. Sa femme fut donnée à l'un de ses compagnons, avec lequel il était lié.* » *(Juges 14 : 19-20).*

LA FOLIE CROISSANTE

Ce qui est triste au sujet de Samson, c'est qu'il n'apprenait pas. La Bible dit :

« *Quelque temps après, à l'époque de la moisson des blés, Samson alla voir sa femme, et lui porta un chevreau. Il dit : Je veux entrer vers ma femme dans sa chambre. Mais le père de sa femme ne lui permit pas d'entrer. J'ai pensé, dit-il, que tu avais pour elle de la haine, et je l'ai donnée à ton compagnon. Est-ce que sa jeune sœur n'est pas plus belle qu'elle ? Prends-la donc à sa place. Samson leur dit : Cette fois je ne serai pas coupable envers les Philistins, si je leur fais du mal.* » *(Juges 15 : 1-3).*

On se joua de Samson. Il fut trompé. Il aurait dû apprendre, mais il ne le fit pas. Un homme plus sage aurait décidé de ne plus jamais avoir une quelconque affaire conjugale avec les Philistins. Malheureusement, il n'était pas sage. La folie s'était attachée à lui et il était en train de sombrer.

LA FAILLITE MORALE

La Bible dit :

> « *Samson partit pour Gaza ; il y vit une femme prostituée, et il entra chez elle. On dit aux gens de Gaza ; Samson est arrivé ici. Et ils l'environnèrent, et se tinrent en embuscade toute la nuit à la porte de la ville. Ils restèrent tranquilles toute la nuit, disant : Au point du jour, nous le tuerons. Samson demeura couché jusqu'à minuit. Vers minuit, il se leva ; et il saisit les battants de la porte de la ville et les deux poteaux, les arracha avec une barre, les mit sur ses épaules, et les porta sur le sommet de la montagne qui est en face d'Hébron.* » (Juges 16 : 1-3).

Samson avait réellement sombré dans la faillite morale. Il avait atteint un point où il pouvait faire n'importe quoi pour satisfaire ses désirs sexuels. Avant, il cherchait les femmes sans discrimination en vue du mariage. Maintenant, il était prêt à aller et il alla effectivement vers une prostituée.

Le chemin de l'indulgence conduit toujours à la ruine. Ceux qui commencent par des poignées de main interdites, ensuite passent aux embrassades interdites, ensuite aux baisers interdits, sont en train de glisser vers une route qui se termine dans un précipice. Il y a le long de cette route un point où, une fois atteint, le rétablissement est impossible. Samson avait atteint ce point, et alla au-delà de ce point, et rien ne pouvait plus le préserver de la ruine. Il ne réalisa pas à quel degré il était tombé, parce que la puissance de Dieu était encore sur lui. Il était encore capable d'échapper à ses ennemis. Il laissa la prostituée et put porter le portail et le reste, prouvant ainsi qu'il était invincible. Dieu continua à lui manifester la miséricorde pendant que le Saint-Esprit attendait qu'il se repente. Il était aveuglé par la puissance spirituelle qu'il continuait à manifester. Il n'avait pas réalisé que la puissance provenait d'un don spirituel et non du caractère spirituel. Il avait perdu un profond contact avec Dieu, mais était satisfait parce que la puissance de Dieu se manifestait encore en lui.

Es-tu comme Samson ? Es-tu en train de pratiquer un acte ou des actes sexuels interdits tout en occupant un office spirituel ? Y a-t-il dans ta vie une femme qui ne devrait pas y être ? Es-tu engagé dans une affaire illicite ? Es-tu en train d'entretenir une relation qui est tolérée par ceux qui sont autour de toi parce qu'ils n'ont pas le courage de te dire que tu as déraillé ? Es-tu en train d'entretenir une relation tolérée par ton entourage parce que ta conduite leur donne l'occasion de t'imiter ? Es-tu en train d'entretenir une relation qui est impure, mais que ton entourage considère comme pure ? As-tu jamais porté devant Dieu chaque relation entre toi et le sexe opposé, afin d'avoir Sa lumière et Son verdict ? Te trompes-tu toi-même ? Une chose est sûre : Tu ne trompes que toi-même. On ne se moque pas de Dieu. Tu récolteras ce que tu auras semé.

Le fait que des miracles soient encore manifestés dans ton ministère ne peut pas compenser le péché sexuel dans ta vie. La manifestation des dons spirituels ne signifie pas que Dieu a approuvé ton péché. Tu pourrais être un évangéliste qui voit encore les gens se tourner au Seigneur pendant que l'immoralité est en train de ronger profondément tes pensées, tes paroles et même tes actions. Ne sois pas séduit par les résultats. Les bénédictions de Dieu ne sont pas une indication du fait qu'Il ignore ton péché ou qu'Il le permet. Son amour pour toi n'est pas une indication de Son amour pour ton péché ; Il hait profondément ton péché, bien qu'Il t'aime profondément. Ne vas-tu pas répondre à Son amour et abandonner ton péché avant que Sa colère ne soit contrainte de se déverser sur toi ? Vas-tu agir aujourd'hui ? Vas-tu agir maintenant ?

L'ÉPISODE FINAL

La Bible dit :

> « *Après cela, il aima une femme dans la vallée de Sorek. Elle se nommait Delila. Les princes des Philistins montèrent vers elle, et lui dirent : Flatte-le, pour savoir d'où lui vient sa grande force et comment nous pourrions nous rendre maîtres de lui ; nous le lierons pour le dompter, et nous te donnerons chacun mille et cent sicles d'argent. Delila dit à Samson : Dis-moi, je te prie, d'où vient ta grande force, et avec quoi il faudrait te lier pour te dompter. Samson lui dit : Si on me liait avec sept cordes fraîches, qui ne soient pas encore sèches, je deviendrais faible et je serais comme un autre homme. Les princes des Philistins apportèrent à Delila sept cordes fraîches, qui n'étaient pas encore sèches. Et elle le lia avec ces cordes. Or des gens se tenaient en embuscade chez elle, dans une chambre. Elle lui dit : Les Philistins sont sur toi, Samson ! Et il rompit les cordes, comme se rompt un cordon d'étoupe, quand il sent le feu. Et l'on ne connut point d'où venait sa force.*
>
> *Delila dit à Samson : Voici, tu t'es joué de moi, tu m'as dit des mensonges. Maintenant, je te prie, indique-moi avec quoi il faut te*

lier. Il lui dit : Si on me liait avec des cordes neuves, dont on ne se soit jamais servi, je deviendrais faible et je serais comme un autre homme. » (Juges 16 : 4-11).

Samson continua ainsi comme un insensé. Premièrement, il parla de le lier et la prochaine fois, il alla tout près du secret et dit :

« Tu n'as qu'à tisser les sept tresses de ma tête avec la chaîne du tissu. » (Juges 16 : 13).

Finalement, il lui ouvrit son cœur, et dit :

« Le rasoir n'a point passé sur ma tête, parce que je suis consacré à Dieu dès le ventre de ma mère. Si j'étais rasé, ma force m'abandonnerait, je deviendrais faible, et je serais comme tout autre homme. » (Juges 16 : 17).

Aussitôt après qu'il lui eût livré son secret, il devint comme tout autre homme. Es-tu en train de glisser sur le chemin de la ruine ? Ton secret et ta force sont-ils dans le fait que tu n'as jamais exposé ta nudité à quelqu'un ? Pourraient-ils résider dans le fait que personne du sexe opposé n'a jamais vu ta forme nue ? Es-tu comme Samson, permettant des touchers de la tête, des mains et plus loin ? Réveille-toi maintenant et protège ce qui reste, car tu es proche du précipice. Ne permets pas au secret final d'être découvert. Agis aujourd'hui. Repens-toi et rentre à ta sévérité et pureté initiales.

Que le Seigneur t'aide à te sauver toi-même. Amen.

5
L'ADULTÈRE DE DAVID AVEC BATH-SCHÉBA

« L'année suivante, au temps où les rois se mettaient en campagne, David envoya Joab, avec ses serviteurs et tout Israël, pour détruire les fils d'Ammon, et pour assiéger Rabba. Mais David resta à Jérusalem.

Un soir, David se leva de sa couche ; et, comme il se promenait sur le toit de la maison royale, il aperçut de là une femme qui se baignait, et qui était très belle de figure. David fit demander qui était cette femme, et on lui dit : N'est-ce pas Bath-Schéba, fille d'Eliam, femme d'Urie, le Héthien ? Et David envoya des gens pour la chercher. Elle vint vers lui, et il coucha avec elle. Après s'être purifiée de sa souillure, elle retourna dans sa maison. Cette femme devint enceinte, et elle fit dire à David : je suis enceinte.

Alors, David expédia cet ordre à Joab : envoie-moi Urie, le Héthien. Et Joab envoya Urie à David. Urie se rendit auprès de David, qui l'interrogea sur l'état de Joab, sur l'état du peuple, et sur l'état de la guerre. Puis David dit à Urie : Descends dans ta maison, et lave tes pieds. Urie sortit de la maison royale, et il fut suivi d'un présent du roi. Mais Urie se coucha à la porte de la maison royale, avec tous les serviteurs de son maître, et il ne descendit point dans sa maison. On en informa David, et on lui dit : Urie n'est pas descendu dans sa maison. Et David dit à Urie : N'arrives-tu pas de voyage ? Pourquoi n'es-tu pas descendu dans ta maison ? Urie répondit à David : L'arche et Israël et Juda habitent sous des tentes, mon seigneur Joab et les serviteurs de mon seigneur campent en rase campagne, et moi j'entrerais dans ma maison pour manger et boire et pour coucher avec ma femme ! Aussi vrai que tu es vivant et que ton âme est vivante, je ne ferai point cela. David dit à Urie : Reste ici encore aujourd'hui, et demain, je te renverrai. Et Urie resta à Jérusalem ce jour-là et le lendemain. David l'invita à manger et à boire en sa présence, et il l'enivra ; et le soir, Urie sortit pour se mettre sur sa couche, avec les serviteurs de son maître, mais il ne descendit point dans sa maison. Le lendemain matin, David écrivit une lettre à Joab, et l'envoya par la main d'Urie. Il écrivit dans cette lettre : Placez Urie au plus fort du combat, et retirez-vous de lui, afin qu'il soit frappé et qu'il meure. Joab, en assiégeant la ville, plaça Urie à l'endroit qu'il savait défendu par de vaillants soldats. Les hommes de la ville firent une sortie et se battirent contre Joab ; plusieurs tombèrent parmi le peuple, parmi les serviteurs de David, et Urie, le Héthien, fut aussi tué.

Joab envoya un messager pour faire rapport à David de tout ce qui s'était passé dans le combat. Il donna cet ordre au messager : Quand tu auras achevé de raconter au roi tous les détails du combat, peut-être se mettra-t-il en fureur et te dira-t-il : Pourquoi vous êtes-vous approchés de la ville pour combattre ? Ne savez-vous pas qu'on lance des traits du haut de la muraille ? Qui a tué Abimélec, fils de Jérubbéscheth ? N'est-ce pas une femme qui lança sur lui du haut de la muraille un morceau de meule de moulin, et n'en est-il pas mort à Thébets ? Pourquoi vous êtes-vous approchés de la muraille ? Alors tu diras : Ton serviteur Urie, le Héthien, est mort aussi.

Le messager partit ; et à son arrivée, il fit rapport à David de tout ce que Joab lui avait ordonné. Le messager dit à David : Ces gens ont eu sur nous l'avantage ; ils avaient fait une sortie contre nous dans les champs, et nous les avons repoussés jusqu'à l'entrée de la porte : Les archers ont tiré du haut de la muraille sur tes serviteurs, et plusieurs des serviteurs du roi ont été tués, et ton serviteur Urie, le Héthien, est mort aussi. David dit au messager : Voici ce que tu diras à Joab : Ne sois point peiné de cette affaire, car l'épée dévore tantôt l'un, tantôt l'autre ; attaque vigoureusement la ville, et renverse-la. Et toi, encourage-le !

La femme d'Urie apprit que son mari était mort, et elle pleura son mari. Quand le deuil fut passé, David l'envoya chercher et la recueillit dans sa maison. Elle devint sa femme, et lui enfanta un fils.

Ce que David avait fait déplut à l'Éternel » (2 Samuel 11 : 1-27).

DAVID AVAIT TOUJOURS EU DES PROBLÈMES AVEC LES FEMMES

Dans un sens, il n'est pas surprenant que David ait commis l'adultère avec Bath-Schéba. Il avait un problème avec les femmes qui s'était manifesté avant le péché commis avec la femme d'Urie. Nous allons voir certaines des manifestations de ce problème dans sa vie.

Saül haïssait David et voulait le tuer. Il préféra le piéger à travers les femmes et réussi son coup. La Bible dit que Saül dit à David :

« Voici, je te donnerai pour femme ma fille aînée Mérab ; sers-moi seulement avec vaillance, et soutiens les guerres de l'Éternel. Or Saül se disait : Je ne veux pas mettre la main sur lui, mais que la main des Philistins soit sur lui. David répondit à Saül : Qui suis-je,

et qu'est-ce que ma vie, qu'est-ce que la famille de mon père en Israël pour que je devienne le gendre du roi ? Lorsqu'arriva le temps où Mérab, fille de Saül, devait être donnée à David, elle fut donnée pour femme à Adriel de Mehola. » (1 Samuel 18 : 17-19).

Si David n'avait pas une faiblesse spéciale pour les femmes, il aurait appris une leçon à partir de cet incident. Parce que les femmes étaient une grande source de tentation pour lui, il n'avait pas appris la leçon. La Bible dit :

« Mical, fille de Saül, aima David. On en informa Saül, et la chose lui convint. Il se disait : Je la lui donnerai, afin qu'elle soit un piège pour lui, et qu'il tombe sous la main des Philistins. Et Saül dit à David pour la seconde fois : Tu vas aujourd'hui devenir mon gendre. Saül donna cet ordre à ses serviteurs ; Parlez en confidence à David, et dites-lui : Voici, le roi est bien disposé pour toi, et tous ses serviteurs t'aiment ; sois maintenant le gendre du roi. Les serviteurs de Saül répétèrent ces paroles aux oreilles de David. Et David répondit : Croyez-vous qu'il soit facile de devenir le gendre du roi ? Moi, je suis un homme pauvre et de peu d'importance. Les serviteurs de Saül lui rapportèrent ce qu'avait répondu David. Saül dit : Vous parlerez ainsi à David : Le roi ne demande point de dot ; mais il désire cent prépuces de Philistins, pour être vengé de ses ennemis. Saül avait le dessein de faire tomber David entre les mains des Philistins. Les serviteurs de Saül rapportèrent ces paroles à David, et David agréa ce qui lui était demandé pour qu'il devînt gendre du roi. Avant le terme fixé, David se leva, partit avec ses gens, et tua deux cents hommes parmi les Philistins ; il apporta leurs prépuces et en livra au roi le nombre complet, afin de devenir gendre du roi. Alors Saül lui donna pour femme, Mical, sa fille. » (1 Samuel 18 : 20-27).

L'ADULTÈRE DE DAVID AVEC BATH-SCHÉBA

Bien que Mical ait été donnée à David pour le piéger, il ne put lui résister. Il l'accepta, bien qu'elle fût la fille du roi qui voulait le tuer !

David n'était pas satisfait avec une seule femme. Il brûlait d'en avoir plusieurs. Lorsque Nabal mourut, il s'arrangea pour que sa veuve devînt sa femme. La Bible dit :

> « *David apprit que Nabal était mort, et il dit : Béni soit l'Éternel, qui a défendu ma cause dans l'outrage que m'a fait Nabal, et qui a empêché son serviteur de faire le mal ! L'Éternel a fait retomber la méchanceté de Nabal sur sa tête.*
>
> *David envoya proposer à Abigaïl de devenir sa femme. Les serviteurs de David arrivèrent chez Abigaïl à Carmel, et lui parlèrent ainsi : David nous a envoyés vers toi, parce qu'il désire te prendre pour femme. Elle se leva, se prosterna le visage contre terre, et dit : Voici, ta servante sera une esclave pour laver les pieds des serviteurs de mon Seigneur. Et aussitôt Abigaïl partit, montée sur un âne, et accompagnée de cinq jeunes filles ; elle suivit les messagers de David, et elle devint sa femme.* » (1 Samuel 25 : 39-42).

David était loin d'être satisfait, il brûlait d'avoir plus de femmes. La Bible dit :

> « *Il naquit à David des fils à Hébron. Son premier-né fut Amnon, d'Achinoam de Jizreel ; le second Kileab, d'Abigaïl de Carmel, femme de Nabal ; le troisième, Absalom, fils de Maaca, fille de Talmaï, roi de Gueshur ; le quatrième, Adonija, fils de Haggith ; le cinquième, Schephathia, fils d'Abithal ; et le sixième, Jithream, d'Egla, femme de David. Ce sont là ceux qui naquirent à David à Hébron.* » (2 Samuel 3 : 2-5).

La puissance des femmes sur David est davantage illustrée dans ce qui suit :

> « Et Saül avait donné sa fille Mical, femme de David, à Palthiel de Gallim, fils de Laïsch. » (1 Samuel 25 : 44).

Des années s'écoulèrent, et Saül mourut. Il y avait des problèmes au sujet de la succession, mais quand les choses furent évidentes,

> « Abner envoya des messagers à David pour lui dire de sa part : A qui est le pays ? Fais alliance avec moi, et voici, ma main t'aidera pour tourner vers toi tout Israël. Il répondit : Bien ! Je ferai alliance avec toi ; mais je te demande une chose, c'est que tu ne voies point ma face, à moins que tu n'amènes d'abord Mical, fille de Saül, en venant auprès de moi. Et David envoya des messagers à Isch-Boscheth, fils de Saül, pour lui dire : Donne-moi ma femme Mical, que j'ai acquise pour cent prépuces de Philistins. Isch-Boscheth la fit prendre chez son mari Palthiel, fils de Laïsch. Et son mari la suivit en pleurant jusqu'à Bachurim. Alors Abner lui dit ; Va, retourne-t'en ! Et il s'en retourna » (2 Samuel 3 : 12-16).

David avait six femmes, pourtant, il n'était pas au repos tant qu'il n'avait pas pris Mical de son mari. Il fut insensible aux pleurs de Palthiel ! Pire encore, il plaça l'acquisition de Mical avant l'unité nationale !!!

Il est donc évident que le péché avec Bath-Schéba n'était que le sommet d'une vie qui avait une faute fondamentale qui n'avait jamais été corrigée : l'amour pour les femmes ! Cet amour était si profondément enraciné en lui qu'il mourut presque sur les genoux d'une femme ! La Bible dit :

« *Le roi David était vieux, avancé en âge ; on le couvrait de vêtements, et il ne pouvait se réchauffer. Ses serviteurs lui dirent : Que l'on cherche pour mon Seigneur le roi une jeune fille vierge ; qu'elle se tienne devant le roi, qu'elle le soigne, et qu'elle couche dans ton sein ; et mon Seigneur le roi se réchauffera. On chercha dans tout le territoire d'Israël une fille jeune et belle, et on trouva Abischag, la Sunamite, que l'on conduisit auprès du roi. Cette jeune fille était fort belle. Elle soigna le roi, et le servit, mais le roi ne la connut point.* » *(1 Rois 1 : 1-4).*

Ainsi, David eut un problème avec les femmes toute sa vie. Il aurait dû réaliser cela dès le début et prendre des mesures sérieuses pour corriger la faute mais il ne le fit pas. Il permit qu'il y ait un point faible et ce point grandit jusqu'à devenir un feu qui le détruisit presque complètement. David multiplia les femmes pour lui-même ; Il le fit en dépit du fait qu'il était roi et savait que le Seigneur avait dit au sujet du roi :

« *Qu'il n'ait pas un grand nombre de femmes, afin que son cœur ne se détourne point ; et qu'il ne fasse pas de grands amas d'argent et d'or.* » *(Deutéronome 17 : 17).*

Il désobéit à la parole de Dieu et tomba. Tous ceux qui désobéissent à la Parole de Dieu tombent.

LES PÉCHÉS ASSOCIÉS

Il est très difficile de commettre juste un seul péché. Un péché conduit souvent à un autre. Le premier péché de David fut le fait d'être absent du lieu du devoir. C'était au temps où les rois se mettaient en campagne. David était roi. Il aurait dû se trouver sur le champ de bataille. Il y envoya plutôt les autres et resta à Jérusalem. Les gens qui sont aux mauvais endroits courent plus de risque de tomber dans le péché. Le deuxième péché de David fut l'oisiveté. S'il avait été préoccupé par les affaires importantes de l'État, il ne serait pas tombé dans le péché d'adultère. Mais il était oisif, marchant sur la toiture de sa maison. Il n'était pas préoccupé par le bien, et ainsi, le mal se saisit de lui. Son troisième péché fut celui de l'utilisation abusive de sa pensée. Il utilisa sa pensée pour faire une enquête dangereuse. Il n'était pas absolument nécessaire de s'enquérir au sujet de la femme qu'il avait vue. Son quatrième péché fut l'utilisation abusive de ses serviteurs. Il les envoya lui chercher la femme. Ils savaient que c'était mauvais, mais parce qu'ils étaient soumis à l'autorité, ils le firent. Le cinquième péché de David fut l'affaiblissement de l'armée, en rappelant Urie à Jérusalem. On avait besoin de tous les soldats au front de la bataille, mais il était prêt à affaiblir l'armée afin d'accomplir ses plans. Son sixième péché fut celui d'envoyer un faux présent à Urie. Le présent qu'il envoya chez Urie n'était pas un don d'amour. C'était un « don de couverture ». C'était un don de trahison. Son septième péché fut qu'il enivra Urie. Son huitième péché fut celui de la corruption. Il corrompit Joab. Il le poussa à entreprendre une fausse stratégie afin que Urie fût tué. Son neuvième péché fut celui d'épouser Bath-Schéba. Il ajouta une autre femme aux nombreuses qu'il avait déjà. Son dixième péché fut qu'il ne se repentit pas (jusqu'à ce que le prophète le lui dise) de tous ces péchés. Il continua comme si tout allait bien.

DES ASSOCIÉS DANS LE PÉCHÉ

Il y a des péchés que quelqu'un ne peut pas commettre seul. L'un, d'eux c'est l'adultère en acte. Les personnes suivantes avaient péché directement ou indirectement avec David dans ce péché :

1. Bath-Schéba,
2. Les messagers qui furent envoyés pour la lui amener,
3. Le messager qui fut envoyé par Bath-Schéba pour lui parler de sa grossesse,
4. Urie qui fut enivré,
5. Les serviteurs qui firent enivrer Urie,
6. Joab.

As-tu jamais utilisé quelqu'un pour promouvoir ton impureté sexuelle ? As-tu jamais permis qu'on t'utilise pour promouvoir l'immoralité sexuelle ? As-tu porté un message, une lettre ou un don qui faisait partie d'une transaction immorale ? T'es-tu retiré afin de laisser quelqu'un seul pour qu'il puisse pécher ? Es-tu en train de planifier un péché qui va non seulement te ruiner, mais pousser aussi les autres à pécher ? Penses-y maintenant et arrête cela !

LA CONSÉQUENCE DU PÉCHÉ

David se repentit et fut pardonné par le Seigneur. Cependant, son péché aboutit aux conséquences suivantes pour lui-même et pour les autres :

1. Urie mourut ;
2. D'autres soldats d'Israël moururent ;
3. Le fils conçu dans le péché mourut ;
4. Amnon commit la fornication avec sa demi-sœur Tamar ;
5. Absalom tua Amnon ;
6. Absalom se rebella ;

7. Absalom commit l'adultère avec les concubines de David ouvertement ;
8. Absalom fut tué ;
9. Plusieurs Israélites moururent dans la rébellion d'Absalom.

Le péché de David rongea profondément sa famille. Les choses devinrent totalement confuses après qu'il eût commis cet acte d'adultère qui fut le pire des péchés dans sa vie devant le Seigneur.

En plus des choses ci-dessus, son fils Salomon, né de la femme d'Urie, était totalement emporté par les femmes. Il y eut mille femmes dans sa vie. Pire encore, comme péché associé, l'amour de Salomon pour les femmes conduisit à l'idolâtrie, une chose que David n'avait jamais faite. Le péché d'un homme conduira à une multitude de péchés en ses enfants. Le péché d'un homme pourrait conduire à une multitude de péchés en ses enfants. Si un homme commet délibérément un péché, ses descendants pourraient en commettre deux, trois ou plus.

Le Seigneur pardonna à David, mais Il lui dit :

> « *Tu as frappé de l'épée Urie, le Héthien ; tu as pris sa femme pour en faire ta femme, et lui, tu l'as tué par l'épée des fils d'Ammon. Maintenant, l'épée ne s'éloignera jamais de ta maison, parce que tu m'as méprisé, et parce que tu as pris la femme d'Urie, le Héthien pour en faire ta femme.* » (2 Samuel 12 : 9-10).

L'histoire d'Israël jusqu'à nos jours témoigne du fait que l'épée ne s'est jamais éloignée de la maison de David. Toute la multitude de Juifs qui a péri à cause de ceci, et toute la multitude de personnes qui a été tuée par les Juifs, ont tous péri à cause de l'adultère de David.

T'es-tu jamais demandé toi-même : « Quelle sera la conséquence de cet acte dans dix mois, mille ans et dans l'éternité ? » Ne devrais-tu pas faire face à ceci avant que tu ne plonges dans la ruine ? S'il te plaît, pense à ton futur et à celui des autres. Le plaisir de quelques minutes pourrait conduire à la disgrâce et à l'agonie éternelles. S'il te plaît, sois sage ! Sois sage !!

LE PÉCHÉ DE L'HOMME SELON LE CŒUR DE DIEU

L'adultère de David fut une chose très sérieuse parce que David était un homme selon le cœur de Dieu. Il plaisait à Dieu dans tout ce qu'il faisait, sauf dans l'affaire de la femme d'Urie. Ce péché fut comme une tache noire sur un horizon sans tache, et il blessa beaucoup le Seigneur. Il blessa aussi sévèrement la relation de David avec Dieu et avec l'homme, et ainsi, eut les conséquences qui s'en suivirent.

Tous ceux qui marchent proches du Seigneur doivent faire attention. Tous ceux qui ont des positions et des relations privilégiées avec le Seigneur devraient faire attention. Leurs erreurs pourraient avoir une conséquence très grande. Abraham fut un de ce genre. Il était un ami de Dieu. Il marcha avec Dieu, mais ne fut pas suffisamment patient pour attendre que le Seigneur lui donne un fils par sa femme Sara. Il se précipita et devança Dieu et eut Ismaël avec Agar, la servante de sa femme. La conséquence de ce péché aujourd'hui, c'est le fait qu'il y a près d'un milliard d'Ismaélites (les Musulmans) qui sont sur la terre et sont perdus loin de Christ.

Que tous prêtent l'oreille à cet avertissement et fassent tout pour s'assurer que leurs brillantes carrières spirituelles ne connaissent pas un échec majeur.

QU'EN EST-IL DE BATH-SCHEBA ?

Des femmes telles que Bath-Schéba ne sont pas une bénédiction. Elle n'avait pas d'intégrité morale. Elle ne fut pas une aide pour son roi. Quand David l'envoya chercher, elle l'aurait aidé en refusant d'y aller, ou bien, lorsqu'il lui suggéra le péché, elle l'aurait aidé en lui disant : « Mon roi, ceci va te ruiner, ruiner le royaume, me ruiner et tu en souffriras beaucoup. S'il te plaît, que cet acte ne soit pas commis ». Si elle avait raisonné ainsi et agi ainsi, elle aurait sauvé le roi, le royaume et son mari. Elle céda. Elle était comme quelqu'un qui attendait qu'une telle chose arrive. Il n'y a pas d'indication qu'elle se repentit.

Cela lui coûta un mari,

Cela lui coûta un fils.

Elle donna naissance au prochain roi, mais son fils Salomon hérita doublement l'immoralité de son père et de sa mère, épousa mille femmes et alla vers leurs dieux. Il faut dans les horizons spirituels de nos jours, des femmes qui aideront les généraux de Dieu dans leurs moments de folie pour qu'ils reviennent à la raison. Es-tu une telle femme ? Que Dieu te bénisse si tu en es une. Amen.

6
LA FORNICATION D'AMNON AVEC TAMAR

« *Après cela, voici ce qui arriva. Absalom, fils de David, avait une sœur qui était belle et qui s'appelait Tamar ; et Amnon, fils de David, l'aima. Amnon était tourmenté jusqu'à se rendre malade à cause de Tamar, sa sœur ; car elle était vierge, et il paraissait difficile à Amnon de faire sur elle la moindre tentative. Amnon avait un ami, nommé Jonadab, fils de Schimea, frère de David, et Jonadab était un homme très habile. Il lui dit : Pourquoi deviens-tu ainsi chaque matin plus maigre, toi, fils de roi ? Ne veux-tu pas me le dire ? Amnon lui répondit : J'aime Tamar, sœur d'Absalom, mon frère, Jonadab lui dit : Mets-toi au lit, et fais le malade. Quand ton père viendra te voir, tu lui diras : Permets à Tamar, ma sœur, de venir pour me donner à manger ; qu'elle prépare un mets sous mes yeux, afin que je le voie et que je le prenne de sa main. Amnon se coucha, et fit le malade. Le roi vint le voir, et Amnon dit au roi : Je te prie, que Tamar, ma sœur, vienne faire deux gâteaux sous mes yeux, et que je les mange de sa main.*

David envoya dire à Tamar dans l'intérieur des appartements : Va dans la maison d'Amnon, ton frère, et prépare-lui un mets. Tamar alla dans la maison d'Amnon, son frère, qui était couché. Elle prit de la pâte, la pétrit, prépara devant lui des gâteaux, et les fit cuire ; prenant ensuite la poêle, elle les versa devant lui. Mais Amnon refusa de manger. Il dit : Faites sortir tout le monde. Et tout le monde sortit de chez lui. Alors Amnon dit à Tamar : Apporte le mets dans la chambre, et que je le mange de ta main. Tamar prit les gâteaux qu'elle avait faits, et les porta à Amnon, son frère, dans la chambre. Comme elle les lui présentait à manger, il la saisit et lui dit : Viens, couche avec moi, ma sœur. Elle lui répondit : Non, mon frère, ne me déshonore pas, car on n'agit point ainsi en Israël ; ne commets pas cette infamie. Où irais-je, moi, avec ma honte ? Et toi, tu serais comme l'un des infâmes en Israël. Maintenant, je te prie, parle au roi, et il ne s'opposera pas à ce que je sois à toi. Mais il ne voulut pas l'écouter ; il lui fit violence, la déshonora et coucha avec elle.

Puis Amnon eut pour elle une forte aversion, plus forte que n'avait été son amour. Et il lui dit : Lève-toi, va-t'en ! Elle lui répondit : N'augmente pas en me chassant le mal que tu m'as déjà fait. Il ne voulut pas l'écouter, et appelant le garçon qui le servait, il dit : Qu'on éloigne de moi cette femme et qu'on la mette dehors. Et ferme la porte après elle ! Elle avait une tunique de plusieurs couleurs ; car c'était le vêtement que portaient les filles du roi, aussi longtemps qu'elles étaient vierges. Le serviteur d'Amnon la mit dehors, et ferma la porte après elle. Tamar répandit de la cendre sur sa tête, et déchira sa tunique bigarrée ; elle mit la main sur sa tête, et s'en alla en poussant des cris.

Absalom, son frère lui dit : Amnon, ton frère, a-t-il été avec toi ? Maintenant, ma sœur, tais-toi, c'est ton frère ; ne prends pas cette affaire trop à cœur. Et Tamar, désolée, demeura dans la maison d'Absalom, son frère. Le roi David apprit toutes ces choses, et il fut très irrité. Absalom ne parla ni en bien ni en mal avec Amnon ; mais il le prit en haine, parce qu'il avait déshonoré Tamar, sa sœur.

Deux ans après, comme Absalom avait les tondeurs à Baal-Hatsor, près d'Ephraïm, il invita tous les fils du roi. Absalom alla vers le roi et dit : Voici, ton serviteur a les tondeurs ; que le roi et ses serviteurs viennent chez ton serviteur. Et le roi dit à Absalom : Non, mon fils, nous n'irons pas tous, de peur que nous ne te soyons à charge, Absalom le pressa ; mais le roi ne voulut point aller, et il le bénit. Absalom dit : Permets du moins à Amnon, mon frère, de venir avec nous. Le roi lui répondit : Pourquoi irait-il chez toi ? Sur les instances d'Absalom, le roi laissa aller avec lui Amnon et tous ses fils.

Absalom donna cet ordre à ses serviteurs : Faites attention quand le cœur d'Amnon sera égayé par le vin et que je vous dirai : Frappez Amnon ! Alors tuez-le ; ne craignez point, n'est-ce pas moi qui vous l'ordonne ? Soyez fermes, et montrez du courage ! Les serviteurs d'Absolom traitèrent Amnon comme Absalom l'avait ordonné. Et tous les fils du roi se levèrent, montèrent chacun sur son mulet, et s'enfuirent. » (2 Samuel 13 : 1-29).

L'ENTICHEMENT D'AMNON

Amnon n'aimait pas Tamar. Il était seulement entiché d'elle. À cause de cet entichement, il était tourmenté par son désir pour elle. L'amour est une puissance qui bâtit. L'entichement et la convoitise sont des forces destructives. L'amour ne rend pas un homme agité. L'entichement entraîne le manque de repos. L'amour pense au bien-être du bien-aimé. L'entichement ne pense qu'à l'intérêt de celui qui s'est entiché. L'amour pense à la conséquence des choses à long terme. L'entichement est emporté par « le ici et le maintenant. »

Au début, Amnon voulait la présence d'une seule personne, Tamar. Après, l'unique personne qu'il ne voulait plus voir était Tamar. L'entichement pousse un homme à dire : « Viens

» et peu après : « Lève-toi et va-t'en ». Quand un homme utilise une femme simplement pour satisfaire sa passion, la flamme de la passion qu'il avait pour elle avant l'acte, n'est pas aussi forte que la flamme d'aversion qui s'empare de lui après qu'elle a été utilisée. Dans les cœurs de la plupart des hommes, une femme qui a été utilisée est haïe, méprisée et indésirable !

Amnon avait tout fait pour l'avoir, entre autres, feindre la maladie. Après, il fit tout pour se débarrasser d'elle, utilisant même son serviteur pour la mettre dehors et claquer la porte derrière elle. L'entichement ne dure pas. C'est une flamme qui jaillit et qui peut détruire deux vies ou plus.

La beauté de Tamar qui avait dû conduire à l'entichement d'Amnon au début resta intacte après qu'il l'eût violée, mais sa puissance pour l'attirer avait disparu. La simple beauté du visage et de la forme physique n'a aucune puissance pour empêcher un homme de fuir loin d'une femme une fois qu'il l'a utilisée.

AMNON REFUSA DE RAISONNER

Tamar s'efforça de ramener Amnon à la raison. Elle offrit d'être sa femme si seulement il acceptait d'arranger les choses normalement. Elle l'encouragea à s'engager dans une voie honorable en lui disant : « Parle au roi, et il ne s'opposera pas à ce que je sois à toi », mais il ne voulut pas écouter. Elle lui parla du mal que cet acte allait lui causer en disant : « Ne commets pas cette infamie. Où irais-je, moi, avec ma honte ? » Elle le mit en garde contre ce qui adviendrait de lui en disant : « Et toi, tu serais comme l'un des infâmes en Israël. » Il fut averti, mais il ne voulut pas écouter. Il refusa de penser à son futur. Il refusa aussi de penser à son futur à elle. Il était emporté par une flamme, un feu qui allait le détruire et à un certain degré, la ruiner.

Lorsqu'un homme commet la fornication ou l'adultère, il a décidé de ruiner son bonheur futur sur terre et le bonheur futur de celle avec qui il a décidé de commettre la fornication ou l'adultère ; le bonheur éternel de son partenaire de fornication et son propre bonheur éternel. En cédant pour quelques minutes à la folie, un homme pourrait enterrer son bonheur dans le temps et dans l'éternité. Il pourrait enterrer non seulement son bonheur, mais aussi celui de la personne qu'il a décidé d'entraîner sur le chemin de la ruine. As-tu jamais pensé au fait que quelques minutes de plaisir interdit pourraient ruiner ta vie terrestre et éternelle ? As-tu jamais pensé au fait que tu pourrais être tué par Dieu ou par l'homme pour ton adultère ou ta fornication, et que cela pourrait te conduire dans l'étang de feu ce jour-là ? Vas-tu réfléchir et désister de la folie ?

Amnon refusa de raisonner. Il sacrifia tout pour un bref moment de plaisir. Même le plaisir qu'il voulait lui fut refusé, car il ne peut pas y avoir de plaisir dans le viol !

DEUX ANS DE REGRET

Pendant que Tamar répandait la cendre sur sa tête, déchirait sa tunique bigarrée, mettait la main sur sa tête et s'en allait de la maison d'Amnon en poussant des cris, Amnon perdit l'estime de son peuple. Dès ce moment, il devint devant Dieu comme l'un des infâmes insensés d'Israël, et il le devint aussi aux yeux du roi, de ses fils, de ses filles, de ses serviteurs et de tout le peuple d'Israël. Avant que Tamar ne lui rende visite, il était un homme d'honneur. Il était le fils aîné du roi, avec les possibilités de devenir un jour roi à la place de son père. Peu après que Tamar l'eût quitté, il devint l'incarnation même de la folie. Il avait tant perdu et gagné si peu.

Le plaisir et la satisfaction que l'adultère ou la fornication promettent sont des mirages. Ils sont inexistants. Ne te trompe pas. Tu ne seras plus jamais le même après que tu auras commis l'adultère ou la fornication. Les marques de la ruine demeureront sur toi, et elles pourraient demeurer de manière permanente. Si tu vis près d'une femme dont le physique t'excite et te tente, fuis. Quitte cette partie de la ville et au besoin, réfugie-toi dans la ville voisine. Ne reste pas à côté d'elle en espérant résister. La sagesse veut que tu t'enfuies.

Amnon eut deux ans de vie après son péché terrible. Ce furent des années vécues dans la honte, la disgrâce et la crainte. Il avait perdu la faveur de Tamar. Il avait perdu la faveur d'Absalom et de tout le monde. Il resta le fils du roi, mais il était un prince sans gloire ! Combien il avait dû regretter ce jour terrible ! Combien il avait dû oublier tout le plaisir qu'il eut. Combien il avait dû revivre la gloire qui était la sienne avant qu'il ne fût emporté par la folie. Il regretta cela mais le fait était là !

Ensuite vint le jour ! Il fut invité par Absalom chez ses tondeurs à Baal-Hatsor. En fait tout fut arrangé à cause de lui. Il partit avec les autres fils du roi. Ils étaient ensemble dans un même lieu. La vie semblait s'ouvrir devant eux. Il était comme les autres mais il était à part. Il avait ruiné sa vie. Il s'était refusé le privilège de vivre le jour où il avait forcé Tamar à la fornication. Ce jour-là, il en finit avec sa vie et devint un genre de cadavre ambulant. Il se livra au vin et ce jour-là, il en eut en grande quantité. Il était un homme mourant à qui on avait donné beaucoup de vin, car il en était égayé lorsqu'il entendit l'ordre : « Frappez Amnon ». Il n'eut pas beaucoup de temps pour réfléchir. Ce fut bientôt la fin. Il avait choisi le chemin de la fornication ; il avait choisi le chemin de la mort et maintenant il était mort.

Amnon aurait dû lire et considérer l'avertissement des Écritures qui disent :

> « *Les eaux dérobées sont douces, et le pain du mystère est agréable ! Et il ne sait pas que là sont les morts, et que ses invités sont dans les vallées du séjour des morts.* » *(Proverbes 9 : 17-18).*

L'IMPACT DE LA VIE D'AMNON

Chaque personne doit s'arrêter et demander : « Ma vie a-t-elle été une bénédiction à ceux qui sont autour de moi ? Sont-ils plus saints, plus proches de Dieu et plus satisfaits parce que leurs chemins dans la vie ont croisé le mien ? » La vie d'Amnon ne fut pas seulement gaspillée. Elle ruina les autres vies.

Premièrement, sa vie ruina celle de Tamar. Elle demeura une femme désolée dans la maison d'Absalom, son frère. Amnon fut la cause de la ruine de sa vie. Deuxièmement, il fit irriter le roi. Les fils qui irritent leurs pères ne sont pas une bénédiction. Troisièmement, Amnon poussa son frère à devenir un meurtrier et un fugitif. Après avoir tué Amnon, la Bible dit :

> « *Absalom s'était enfui, et il alla chez Talmaï, fils d'Ammihur, roi de Gueschur. Et David pleurait tous les jours son fils. Absalom resta trois ans à Gueschur, où il était allé, après avoir pris la fuite. Le roi David cessa de poursuivre Absalom, car il était consolé de la mort d'Amnon* » *(2 Samuel 13 : 37-39).*

Qui est-ce que ton adultère a ruiné ? Le cœur de qui ta fornication a-t-elle blessé ? Est-ce une fille, une mère, un père, un enfant qui fut le fruit de ta passion irresponsable ? Es-tu la ruine de quelqu'un qui aurait pu aller de l'avant et faire de grandes choses pour Dieu ? Es-tu le petit rocher sur lequel est venue s'écraser une grande carrière spirituelle ? Tu pourrais ne pas encore l'être, mais as-tu pris des mesures pour t'assurer que cela n'arrive jamais ? En ce moment même, es-tu engagé dans une relation avec quelqu'un du sexe opposé, une relation qui semble innocente, mais où tu as commencé à voir les marques et les avertissements du désastre qui se pointe à l'horizon lointain ? Vas-tu prendre au sérieux l'avertissement et arrêter immédiatement la relation ? Vas-tu être prudent de t'enfuir ? La relation pourrait paraître bénéfique pour l'Évangile, bien que portant en elle les risques d'adultère ou de fornication. Ne vas-tu pas sacrifier tout ce qu'elle prétend offrir et sauver ton âme ? S'il te plaît, oublie les gains possibles et fuis. Il est préférable d'être saint, plutôt que de faire une contribution quelconque au Royaume de Dieu dans un état de péché. Toutes les contributions qui sont issues des relations d'adultère et de fornication apparaîtront à la fin comme n'ayant servi qu'au diable, et n'ayant rien ajouté au Royaume de Dieu !

L'ENVIRONNEMENT SPIRITUEL

Il est communément connu que l'amitié est déterminante pour un homme. Ceci est très clairement illustré dans la vie d'Amnon. La Bible dit :

> *« Amnon avait un ami, nommé Jonadab, fils de Schimea, frère de David, et Jonadab était un homme très habile »* (2 Samuel 13 : 3).

C'est Jonadab qui monta le scénario qui aboutit au viol de Tamar et à la destruction d'Amnon. Jonadab était habile. Il ne pensa qu'au plaisir immédiat que pouvait avoir son ami. Il pensa que la fin justifiait les moyens.

Amnon n'aurait pas commis une telle folie s'il avait eu comme ami un homme intègre, un homme qui l'aurait mis en garde contre la folie, un homme qui aurait pu l'encourager à demander au roi la main de Tamar. Malheureusement, son ami Jonadab avait le même degré de dégradation sexuelle que lui ; ainsi, avec son aide, il s'engagea dans la ruine extrême.

As-tu examiné à quoi ressemble ton environnement spirituel en ce qui concerne les aspects clé tels que l'argent, la sexualité, le pouvoir, la nourriture, le temps, ainsi de suite ? Écoute, si tes plus proches collaborateurs aiment l'argent, c'est cela que tu aimes ou que tu aimeras. S'ils sont libérés de l'amour de l'argent, toi aussi tu seras libéré ou tu en es déjà libéré.

En ce qui concerne le sujet que nous sommes en train d'étudier, t'es-tu demandé toi-même quelle est l'attitude de tes plus proches amis et associés vis-à-vis de la pureté sexuelle ? Si tu ne t'es jamais posé cette question, arrête-toi maintenant et pose-la. S'il y a des tendances d'impureté dans l'habillement, les paroles, les actes et les choses semblables, arrête l'amitié et sauve-toi. D'autre part, tu pourrais penser que l'amitié est enracinée dans beaucoup de justice, de façon que l'anomalie peut être corrigée. Parle à la personne ou aux personnes concernée(s) et élaborez une stratégie pour la pureté. Si tu gardes juste le silence et espères que les choses vont changer, tu finiras par la ruine. Sois sage et agis maintenant !

LA CONTRIBUTION DE TAMAR ?

Tamar avait été profondément outragée dans le péché. Elle en souffrit terriblement. Qu'aurait-elle pu faire pour éviter le problème ? Dans un sens, elle n'aurait pas pu faire grand-chose. Elle était une fille responsable qui avait obéi à son père. Elle était une sœur aimable qui s'était offerte pour prendre soin d'un frère apparemment malade.

J'aurais souhaité qu'elle fût plus sage. J'aurais souhaité qu'elle eût étudié ses frères plus soigneusement et noté que celui qui avait Jonadab pour ami intime risquait très probablement de devenir faux et rusé. J'aurais souhaité qu'elle fût assez observatrice pour remarquer qu'Amnon avait une admiration malsaine pour elle. J'aurais souhaité qu'elle fût plus sage pour savoir que même certains de ses frères de même sang n'étaient pas dignes de confiance dans les affaires sexuelles ; ainsi, qu'elle ne fût jamais allée seule pour faire la cuisine pour Amnon. Combien j'aurais souhaité qu'elle eût demandé de se faire accompagner par une autre princesse, peut-être une plus jeune sœur. Je ne peux que souhaiter qu'elle eût été moins confiante, de façon que quand Amnon refusa de manger la nourriture qu'elle avait préparée, qu'elle eût suspecté le mal et eût été sur ses gardes. Oh ! Si elle avait été suffisamment sage pour sentir le danger lorsqu'Amnon demanda que tout le monde sorte de la maison, sauf elle, et qu'elle eût aussi insisté pour sortir. Oh ! Si elle avait été prudente pour comprendre que la nourriture qu'on avait besoin de manger de sa main dans la chambre n'était pas une nourriture ordinaire ! Combien j'aurais souhaité qu'elle eût combattu la bête d'Amnon jusqu'à la fin, même au prix de son sang.

Ce monde est rempli de gens méchants. Ils peuvent être des pères, des mères, des frères, des sœurs, des cousins, des membres de famille de toutes sortes, des hommes religieux, des femmes religieuses et toutes sortes de personnes du même genre. Fais attention. Ne te promène pas comme s'il n'y avait pas eu de chute. Nous vivons dans un monde déchu et la prudence est exigée de tous ceux qui ne veulent pas être piégés. Le fait que tu craignes Dieu et marches dans l'intégrité ne signifie pas que tout le monde le fait. Ne crois pas tous ceux qui disent qu'ils sont enfants de Dieu. Ils peuvent ne pas l'être, ou bien ils peuvent être des enfants de Dieu ayant des problèmes dans le domaine du sexe. Ainsi, fais attention. Ne deviens pas une Tamar ! Il y a une simplicité d'esprit qu'on ne doit pas encourager. Au sujet de cette simplicité, la Bible dit :

« *Quittez la stupidité, et vous vivrez, et marchez dans la voie de l'intelligence !* » *(Proverbes 9 : 6).*

« *L'homme simple croit tout ce qu'on dit, mais l'homme prudent est attentif à ses pas.* » *(Proverbes 14 : 15).*

« *L'homme prudent voit le mal et se cache ; les simples avancent et sont punis.* » *(Proverbes 27 : 12).*

L'apôtre Paul exhorte :

« *Prenez donc garde de vous conduire avec circonspection, non comme des insensés, mais comme des sages.* » *(Éphésiens 5 : 15).*

« *Mais examinez toutes choses ; retenez ce qui est bon.* » *(1 Thessaloniciens 5 : 21).*

L'ADULTÈRE DE DAVID ET LA FORNICATION D'AMNON

Il n'y a pas de séparation entre l'adultère de David avec Bath-Schéba et les flammes d'immoralité sexuelle qui, à présent, brûlaient dans sa maison. Il était le chef de famille et lorsqu'il alla vers la femme d'Urie, lui, en tant que chef de famille, y emporta avec lui la famille ! Il se repentit et fut pardonné, mais sa maison ne connaissait pas son Dieu. Ils imitèrent son péché et périrent !

Une des plus grandes choses qu'un homme puisse faire pour ses enfants est de vivre une vie pure devant le Seigneur, en pensées, paroles et actes. Ceci portera du fruit en abondance. Puisse Dieu œuvrer ceci dans les pensées, les paroles et les actes de chaque père qui est venu s'abriter sous le sang de la nouvelle alliance !

7
L'ADULTÈRE D'ÉTAT D'ABSALOM

« *Absalom dit à Achitophel : Consultez ensemble ; qu'avons-nous à faire ? Et Achitophel dit à Absalom : Va vers les concubines que ton père a laissées pour garder la maison ; ainsi tout Israël saura que tu t'es rendu odieux à ton père, et les mains de tous ceux qui sont avec toi se fortifieront. On dressa pour Absalom une tente sur le toit, et Absalom alla vers les concubines de son père, aux yeux de tout Israël* » (*2 Samuel 16 : 20-22*).

Absalom était le fils de David. Il savait que la loi disait :

« *Tu ne découvriras point la nudité de ton père.* » (*Lévitique 13 : 18*).

Mais il était prêt à commettre un acte d'adultère inhabituel pour des raisons politiques. Il commit l'inceste, et il le fit ouvertement. Il le fit pour tout Israël. Il était temporairement leur roi, et il conduisit la nation entière dans l'adultère. Absalom n'avait pas honte d'aller vers les concubines de son père. Il n'avait pas honte de pécher ouvertement. Son adultère fut un adultère d'État.

Il accomplit son adultère en plein air. C'était sur le toit, entre la terre et le ciel. Après cela, il eut une autre opportunité d'être suspendu en l'air, entre la terre et le ciel. La Bible dit :

> « *Absalom se trouva en présence des gens de David. Il était monté sur un mulet. Le mulet pénétra sous les branches entrelacées d'un grand térébinthe, et la tête d'Absalom fut prise au térébinthe ; il demeura suspendu entre le ciel et la terre, et le mulet qui était sous lui passa outre.* » (2 Samuel 18 : 9).

Ainsi, l'homme fut « suspendu » pendant qu'il commettait l'adultère d'État, et il fut suspendu pour faire face à la mort. Le commandant de l'armée de David le trouva ainsi suspendu et dit :

> « *Je ne m'arrêterai pas auprès de toi ! Et il prit en main trois javelots, et les enfonça dans le cœur d'Absalom encore plein de vie au milieu du térébinthe. Dix jeunes gens, qui portaient les armes de Joab, entourèrent Absalom, le frappèrent et le firent mourir* » (2 Samuel 18 : 14-15).

Ainsi se termina la vie d'Absalom. L'adultère l'avait conduit là où il conduit toujours ses victimes : à la mort. La Bible dit :

> « *Car l'Éternel donne la sagesse ; de sa bouche sortent la connaissance et l'intelligence ; Il tient en réserve le salut pour les hommes droits, un bouclier pour ceux qui marchent dans l'intégrité, en protégeant les sentiers de la justice et en gardant la voie de ses fidèles. Alors tu comprendras la justice, l'équité, la droiture, toutes les routes qui mènent au bien. Car la sagesse viendra dans ton cœur,*

et la connaissance fera les délices de ton âme ; la réflexion veillera sur toi, l'intelligence te gardera, pour te délivrer de la voie du mal, de l'homme qui tient des discours pervers, de ceux qui abandonnent les sentiers de la droiture afin de marcher dans des chemins ténébreux, qui trouvent de la jouissance à faire le mal, qui mettent leur plaisir dans la perversité, qui suivent des sentiers détournés, et qui prennent des routes tortueuses ; pour te délivrer de la femme étrangère, de l'étrangère qui emploie des paroles doucereuses, qui abandonne l'ami de sa jeunesse, et qui oublie l'alliance de son Dieu ; car sa maison penche vers la mort, et sa route mène chez les morts : Aucun de ceux qui vont à elle ne revient et ne retrouve les sentiers de la vie. Tu marcheras ainsi dans la voie des gens de bien, tu garderas les sentiers des justes. Car les hommes droits habiteront le pays, les hommes intègres y resteront ; mais les méchants seront retranchés du pays, les infidèles en seront arrachés. » (Proverbes 2 : 6-22).

Absalom choisit le chemin de l'adultère. Il prit le chemin qui descend vers la mort, et ne retrouva plus jamais le chemin de la vie. Les hommes droits habitent le pays et les hommes intègres y restent. Il n'était ni un homme intègre, ni un homme droit. Comme résultat, il fut retranché du pays et arraché de celui-ci. La Bible dit :

« Celui qui commet l'adultère avec une femme est dépourvu de sens, celui qui veut se perdre agit de la sorte. » (Proverbes 6 : 32).

Absalom avait commis l'adultère. Il s'était ainsi détruit lui-même et fut réellement perdu !

TEL PÈRE, TEL FILS

David était le père d'Absalom. Il avait commis l'adultère. Il n'est pas surprenant que son fils Absalom ait aussi commis l'adultère. Chaque père devrait veiller sur ses actes secrets, car il les trouvera clairement et ouvertement manifestés chez ses enfants.

En fait, l'adultère d'Absalom avait été prophétisé peu après que David eut commis son propre adultère. Le Seigneur lui avait dit :

> « *Voici, je vais faire sortir de ta maison le malheur contre toi, et je vais prendre sous tes yeux tes propres femmes pour les donner à un autre, qui couchera avec elles à la vue de ce soleil. Car tu as agi en secret ; et moi, je ferai cela en présence de tout Israël et à la face du soleil* » (2 Samuel 12 : 11-12).

Je supplie à nouveau tous les croyants de réfléchir deux fois avant de commettre le péché d'adultère ou de fornication, en pensées, en paroles ou en actes. Ce péché ruinera leur relation avec Dieu ; il pourrait ruiner leur vie physique, et il sera manifeste en leurs enfants à la troisième, quatrième, et peut-être à la cinquième génération.

Si tu aimes le Seigneur, fuis l'adultère et la fornication en pensées, en paroles et en actes.

Si tu t'aimes toi-même, fuis l'adultère en pensées, en paroles et en actes.

Si tu aimes ta progéniture, fuis l'adultère en pensées, en paroles et en actes. Amen.

L'ACTE D'ADULTÈRE ET DE FORNICATION

8

QUAND EST-CE QUE L'ADULTÈRE OU LA FORNICATION EST COMMIS ?

Je n'avais jamais eu l'intention d'écrire ce livre. L'idée me vint en résultat de ma méditation quotidienne, du sondage du cœur et de la communion avec Dieu. Ce jour-là, le 10 novembre 1989, j'étais en train de méditer sur Luc 18 : 20, où le Seigneur dit au jeune homme riche : « Tu connais les commandements : Tu ne commettras point d'adultère ; Tu ne tueras point ; Tu ne déroberas point ; tu ne diras point de faux témoignages ; honore ton père et ta mère ». Je décidai d'avoir une méditation de deux heures pour examiner mon cœur et ma vie devant le Seigneur, sur chacun des commandements qui furent donnés par le Seigneur dans le passage ci-dessus. Je vais juste écrire ce que j'écrivis dans mon cahier de méditation ce jour-là comme étant l'adultère. Je crois que la plupart des aspects s'appliquent aussi à la fornication.

Je commets l'adultère si je fais une quelconque des choses suivantes :

DÉLIVRANCE DU PÉCHÉ D'ADULTÈRE ET DE FORNICATION

1. Je couche avec quelqu'un de sexe opposé qui n'est pas mon conjoint.
2. Je caresse une personne de sexe opposé pour la pousser à connaître une satisfaction sexuelle.
3. Je permets à une personne de sexe opposé de me caresser pour me pousser à connaître une satisfaction sexuelle.
4. Je me masturbe.
5. Je donne secrètement un baiser à une personne de sexe opposé, que ce soit sur la main, sur la joue ou sur les lèvres.
6. J'embrasse secrètement une personne de sexe opposé.
7. Je serre secrètement la main d'une personne de sexe opposé.
8. Je caresse une partie quelconque du corps d'une personne de sexe opposé : la main, la face, le dos, et ainsi de suite, avec désir, même si c'est en public.
9. Je caresse une partie quelconque du corps d'une personne de sexe opposé sans désir, mais d'une manière que je ne voudrais pas qu'une autre personne en dehors d'elle sache.
10. J'écris une lettre d'amour à une personne de sexe opposé que j'aimerais garder secrète, c'est-à-dire entre elle et moi.
11. J'appelle une personne de sexe opposé par un « petit nom » dont j'aimerais cacher l'existence à quiconque, prouvant que l'intimité est douteuse.
12. Je chéris une lettre écrite par une personne de sexe opposé que je n'aimerais pas que quelqu'un d'autre lise, ou en connaisse l'existence.
13. Je rends à une personne de sexe opposé une visite que je ne voudrais pas que quelqu'un connaisse.

14. Je reçois d'une personne de sexe opposé une visite que je n'aimerais pas que les gens connaissent.
15. Je lis une histoire immorale.
16. Je regarde un film immoral.
17. Je regarde une photo de personne de sexe opposé nue ou d'une personne de sexe opposé dont certaines parties du corps sont exposées.
18. Je regarde délibérément les « parties privées » d'une personne de sexe opposé à un moment où elle en est inconsciente ou lorsqu'elle s'habille, dans le but de s'exposer.
19. J'ai une pensée immorale au sujet d'une personne quelconque de sexe opposé.
20. Je m'imagine en train d'avoir une relation sexuelle sous quelque forme que ce soit, avec une quelqu'un d'autre que mon conjoint.
21. Je dis une parole immorale ou fais une suggestion immorale aux autres.
22. Je chante un chant immoral.
23. J'écoute avec plaisir un chant immoral.
24. Je m'engage de moi-même à chercher la compagnie des personnes de sexe opposé.
25. Je préfère la compagnie des gens de sexe opposé pour accomplir des projets spirituels alors que le motif n'est pas leur plus grande disponibilité, mais juste que j'aime leur compagnie.
26. Je préfère rendre témoignage, conduire à Christ, bâtir et établir en Christ des personnes de sexe opposé.

Je crois que ce sont des actes qui trahissent un cœur adultère.

Ils sont présentés ici pour que chaque personne examine son propre cœur, et non pas comme un étalon pour juger les autres. L'adultère est premièrement dans le cœur et la personne adultère se connaît elle-même. Quiconque veut juger certains actes externes sera premièrement en train de se mettre à la place du juge et ceci est interdit, et deuxièmement, sera en train de s'exposer à la possibilité de commettre plusieurs erreurs sérieuses. Tous ceux qui sont sages doivent laisser l'appréciation des motifs des autres au Juge Céleste, et Il est près, même à notre porte.

9
L'ADULTÈRE ET LA FORNICATION EN PENSÉES

Un homme est susceptible de faire les choses auxquelles il pense. Il est plus probable qu'un homme fasse les choses sur lesquelles il médite. Un homme fera certainement la plupart des choses qu'il a résolu de faire.

La plupart des péchés ont leur origine dans la pensée. Un homme voit une fille, ensuite une image est gravée dans sa pensée. S'il est pur, il fera la prière suivante : « Seigneur, merci pour cette belle fille. Seigneur aide-moi, aide les autres et aide-la, pour que sa beauté ne la conduise pas au péché ». Une telle prière libère la puissance du Saint-Esprit pour protéger celui qui a prié, la fille pour qui la prière a été offerte et les autres qui la rencontreront.

Ceux qui sont corrompus se mettront à la regarder avec plus d'insistance, et commenceront à la déshabiller et à l'utiliser dans leurs pensées. Ceci est l'adultère ou la fornication.

Le problème réel pourrait ne pas être la fille. C'est le cœur de la personne qui l'a vue. Ce qui est dans le cœur poussera la pensée à répondre en conséquence.

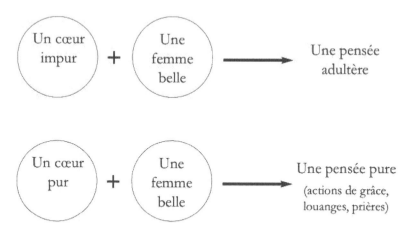

Ceux qui ne veulent pas commettre l'adultère en pensées doivent garder leur cœur pur.

Un cœur pur est différent d'un cœur innocent. Un cœur innocent n'a pas confronté le bien ou le mal et fait un choix. Il est simplement non éprouvé. Une fois éprouvé, il pourrait s'incliner dans la direction de pureté ou de l'impureté.

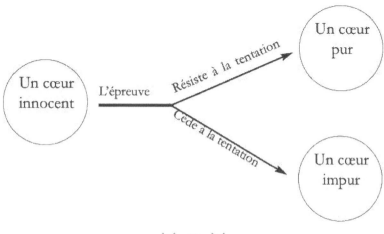

Les bébés sont innocents. Dieu exige des adultes la pureté et non l'innocence.

Nous avons vu que Dieu regarde au cœur. La personne qui commet l'adultère et la fornication en pensées est pareille, devant Dieu, à celle qui les commet en pensées et en actes. Mais, il y a une différence devant l'homme entre celui qui les commet en pensées et celui qui les commet en pensées et en actes.

LA DIFFÉRENCE ENTRE LA TENTATION ET LE PÉCHÉ

Si un homme rencontre une belle fille et en un clin d'œil, remarque qu'elle est belle et le reconnaît dans son cœur, il n'a pas péché.

Le diable pourrait ensuite tenter la personne en lui disant : « regarde, elle est si belle, ne serait-il pas merveilleux de l'utiliser ? » La personne pourrait dire tout de suite : « Elle est belle pour le Seigneur et non pas pour être utilisée. » Il n'a pas péché. Il a été tenté et a vaincu la tentation.

D'autre part, à la suggestion de Satan, il pourrait céder et dire dans son cœur : « Elle est belle. Je souhaiterais coucher avec elle. » Il a cédé à la tentation. Il a commis l'adultère ou la fornication avec elle dans son cœur. Dès ce moment, sa communion avec Dieu n'est plus la même. Il faut qu'il se repente, recherche le pardon, la purification et la restauration, afin de continuer à avoir la communion avec Dieu comme avant.

Celui qui apprécie la beauté et dans son cœur, désire utiliser celle qui est belle, a péché. Le désir d'utiliser quelqu'une qui n'est pas ta femme est l'adultère ou la fornication.

Les Proverbes décrivent une scène. La première étape, c'est un jeune homme dépourvu de sens. Il est dépourvu de sens mais n'est pas un adultère. La Bible dit :

> « J'étais à la fenêtre de ma maison, et je regardais à travers mon treillis. J'aperçus parmi les stupides, je remarquai parmi les jeunes gens un garçon dépourvu de sens. Il passait dans la rue, près de l'angle où se tenait une de ces étrangères, et il se dirigeait lentement du côté de sa demeure : c'était au crépuscule, pendant la soirée, au milieu de la nuit et de l'obscurité. » (Proverbes 7 : 6-9).

La deuxième étape c'est la séductrice et sa tentation. La Bible dit

> « Et voici, il fut abordé par une femme ayant la mise d'une prostituée et la ruse dans le cœur. Elle était bruyante et sans retenue ; ses pieds ne restaient point dans sa maison ; tantôt dans la rue, tantôt sur les places, et près de tous les angles, elle était aux aguets. Elle le saisit et l'embrassa, et d'un air effronté lui dit : je devais un sacrifice d'actions de grâces, aujourd'hui j'ai accompli mes vœux. C'est pourquoi je suis sortie au-devant de toi pour te chercher, et je t'ai trouvé. J'ai orné mon lit de couvertures, de tapis de fil d'Égypte ; j'ai parfumé ma couche de myrrhe, d'aloès et de cinnamome. Viens, enivrons-nous d'amour jusqu'au matin, livrons-nous joyeusement à la volupté. Car mon mari n'est pas à la maison, il est parti pour un voyage lointain ; il a pris avec lui le sac de l'argent, il ne reviendra à la maison qu'à la nouvelle lune. Elle le séduisit à force de paroles, elle l'entraîna par ses lèvres douceureuses. » (Proverbes 7 : 10-21).

Jusqu'à ce niveau, le jeune homme n'avait pas encore péché. Il était encore en train d'être tenté. Il était en train de jouer avec le feu, car s'il avait été sage, il n'aurait pas pris son chemin. S'il avait été sage, il ne l'aurait pas écouté pendant si longtemps. S'il avait un but, il n'aurait pas eu du temps à gaspiller. En dépit de tout ceci, jusqu'au verset 21, seule la femme est une adultéresse. Il est encore en train d'être tenté. Ensuite, il cède. La Bible dit :

« *Il se mit tout à coup à la suivre...* » *(Proverbes 7 : 22-27).*

Dès le moment où il comprit ce qu'elle voulait, sut que c'était mauvais et décida de la suivre, il devint aussi une partie d'elle dans son péché. Il devint un adultère dès ce moment. Même s'il était parti avec elle et que quelque chose les eût empêché de consumer leur péché en acte, ils avaient déjà tous deux commis l'adultère devant Dieu.

Même s'il était rentré, bien qu'ayant été suffisamment stupide d'écouter tant de pourriture, il aurait échappé de justesse au péché d'adultère en acte.

Tu seras tenté, mais ne cède pas à la tentation. L'écrivain de ce cantique dit :

> 1. Ne cède point à la tentation,
> Car céder, c'est pécher.
> Chaque victoire t'aidera
> A gagner une autre victoire ;
> Combats courageusement en avant,
> Assujettis les passions ténébreuses
> Regarde toujours à Jésus
> Il te mènera jusqu'au bout.
>
> **Refrain :**
> **Demande l'aide du Sauveur**
> **Demande qu'Il te réconforte**

**te fortifie, et te préserve.
Il est disposé à t'aider,
Il te mènera jusqu'au bout.**

2. Fuis les mauvais compagnons
Dédaigne le mauvais langage
Donne révérence au nom de Dieu
Ne le prends point en vain
Sois réfléchi et fervent,
De bon cœur et véritable,
Regarde toujours à Jésus
Il te mènera jusqu'au bout

3. A celui qui vaincra
Dieu donnera une couronne
Par la foi nous vaincrons,
Bien que souvent terrassés ;
Celui qui est notre Sauveur
Notre force renouvellera ;
Regarde toujours à Jésus
Il te mènera jusqu'au bout.

— *S S & S N° 698*

Obéis à son conseil. Chaque victoire t'aidera à remporter une autre. Demande au Sauveur de t'aider, de te réconforter, de te fortifier et de te préserver. Il est disposé à t'aider. Il te mènera jusqu'au bout. Laisse-Le t'amener jusqu'au bout. Amen.

10
L'ADULTÈRE ET LA FORNICATION PAR LA LECTURE

Les gens lisent ce qu'ils veulent lire. Ainsi, la matière de lecture d'un homme indique très clairement ce par quoi il veut être possédé. Un homme va progressivement croire et faire les choses au sujet desquelles il lit.

Ceux qui sont purs liront ce qui est pur.

Ceux qui ont les cœurs adultères et ceux qui prennent plaisir à la fornication liront la littérature immorale afin de combler leurs cœurs fornicateurs et adultères.

Il y a même des gens qui se spécialisent dans la lecture des histoires d'immoralité dans la Bible. Ils prennent la Parole de Dieu pour chercher non la pureté, mais l'impureté. Pour ceux qui ont le cœur pur, les histoires des échecs des autres relatées dans la Bible constituent de sévères avertissements, puisqu'aucun homme ou femme adultère de la Bible n'était resté impuni. Cependant, celui qui a le cœur corrompu survole les avertissements et se nourrit de la pourriture à son désavantage.

Sois à jamais averti que si tu choisis délibérément de lire :

- un livre,
- une revue,
- une histoire,
- ou une chose quelconque de ce genre,

parce que cela comporte un aspect immoral, tu es en train de commettre l'acte au sujet duquel tu es en train de lire. Ce dont tu te nourris est considéré par le Seigneur comme des actes réels.

Tu fais même quelque chose de pire. Tu te rappelleras par la suite ce que tu as lu. Tu as ainsi pourvu à la matière pour tes actes d'adultère et de fornication dans le futur, lorsque le matériel de lecture ne sera plus là.

As-tu jamais sérieusement pensé au mal que tu te fais à toi-même en lisant ce que tu es en train de lire ? Tu es en train de polluer ta pensée. Tu es en train de mettre de la pourriture dans ta pensée, qui est une partie de ton corps, lequel est le lieu d'habitation du Saint-Esprit. Tu es plus ou moins en train de dire : « Je ne veux pas que le Saint-Esprit demeure en moi. Je vais remplir Sa demeure de tant d'ordures qu'Il sera contraint de se retirer ». La Bible dit :

> « *Ne savez-vous pas que vous êtes le temple de Dieu, et que l'Esprit de Dieu habite en vous ? Si quelqu'un détruit le temple de Dieu, Dieu le détruira ; car le temple de Dieu est saint, et c'est ce que vous êtes* » (*1 Corinthiens 3 : 16-17*).

As-tu entendu ? La Bible est en train de te dire que si tu détruis le temple de Dieu en lisant des choses qui sont impures, Dieu te détruira. Tu lis des livres impurs pour ta propre destruction. Dieu a parlé et Il le fera.

Si cela ne te dit rien, cela ne te dérange-t-il pas que quelqu'un puisse venir sur ta table en ton absence et lire la littérature que tu possèdes et s'engager ainsi sur le chemin de sa ruine ? Veux-tu te détruire toi-même et détruire les autres ?

Décide maintenant que tous les livres, toutes les revues, histoires et autres, que tu n'aimerais pas qu'on te trouve en train de lire à l'avènement de Christ pour les saints, ne seront jamais trouvés chez toi. Si tu les as lus dans le passé, décide que tu ne les liras plus. Rassemble toute littérature de ce genre que tu pourrais avoir, mets-toi à genoux et implore-Le Seigneur de te pardonner pour avoir amassé un tel poison et t'en être nourri dans le passé. Implore le Saint-Esprit d'effacer de ta mémoire tout ce que tu as lu de ce genre dans le passé. Implore-le de te remplir du Saint-Esprit et de te donner quelque chose à faire pour Lui. Il te pardonnera, te purifiera et te renouvellera si ta repentance est authentique, c'est-à-dire, si tu as décidé dans ton cœur de ne plus jamais t'engager sur cette voie. Après cela, brûle toute cette littérature. Même si tu l'as empruntée des autres, par tous les moyens brûle-la. La leur retourner, c'est vouloir que le mal continue à empoisonner d'autres. Que Dieu te bénisse pendant que tu prends au sérieux cet avertissement.

Après avoir brûlé les livres immoraux que les autres t'ont donnés, ne mens pas en leur disant que les livres sont perdus. Dis-leur la vérité, dis-leur que tu es un enfant de Dieu qui était en train d'errer et que tu as découvert ta folie et l'as arrêtée. Rends-leur témoignage et amène-les par la grâce de Dieu à la repentance. Que Dieu te bénisse réellement.

11
L'ADULTÈRE ET LA FORNICATION DANS LES RÊVES

La plupart des rêves reflètent ce qui est refoulé dans la pensée du rêveur. Plusieurs personnes rêvent de choses qu'elles aimeraient faire effectivement, mais que pour une raison ou une autre, ils ne peuvent pas faire.

Ceux qui pratiquent l'adultère et la fornication dans leurs pensées, lectures, lettres et ainsi de suite, et qui ne peuvent accomplir pleinement leur péché en acte, se rendront compte qu'ils rêvent d'avoir une forme ou une autre d'immoralité sexuelle. Leurs rêves sont un débordement de leurs cœurs. Nous pouvons dire clairement que « de l'abondance du cœur, un homme rêve. »

Quand les gens qui rêvent d'avoir des relations sexuelles ou de regarder des relations sexuelles traverseront la crise de la sanctification et de la consécration, ils se rendront compte que de tels rêves cesseront immédiatement.

Sois délivré de tes péchés conscients d'adultère en pensée, en parole et en acte, et tu seras automatiquement délivré de tes

DÉLIVRANCE DU PÉCHÉ D'ADULTÈRE ET DE FORNICATION

péchés subconscients de rêves d'adultère et de fornication. Amen.

⓬
L'ADULTÈRE ET LA FORNICATION EN ACTES

Nous avons dit que les gens ont le plus tendance à faire ce sur quoi ils méditent. Le péché est premièrement commis en pensée avant d'être accompli en acte. Quelquefois il est commis plusieurs fois en pensée avant d'être commis en acte.

On pourrait poser la question : « Puisque Dieu regarde au cœur, et que l'adultère dans le cœur est enregistré par Dieu comme adultère effectif, y a-t-il une raison pour laquelle quiconque ayant commis le péché en pensée ne puisse pas continuer et finaliser son péché ? Pourquoi s'arrêter au niveau du cœur ? »

J'aimerais dire que bien que Dieu considère l'adultère ou la fornication en pensée comme péché, celui qui commet la fornication (ou l'adultère) en pensée commet un péché, et celui qui commet la fornication en acte commet plusieurs péchés. Poser cette question est comme demander si la personne qui a commis un péché ne devrait pas être encouragée à aller en commettre d'autres.

Les conséquences du péché d'adultère ou de fornication commis en pensée d'une part, et en pensée et en acte d'autre part, ont des répercussions profondes. Si David avait regardé Bath-Schéba en train de se laver, l'avait convoitée et s'était arrêté à ce niveau, tous les autres péchés associés n'auraient pas été commis. Ceux qui péchèrent avec lui (Bath-Schéba, les messagers qui furent envoyés pour la lui amener, les messagers qui furent envoyés par Bath-Schéba pour mettre David au courant de sa grossesse, Urie qui fut enivré, les serviteurs qui firent enivrer Urie, Joab qui arrangea pour que Urie meure au front de la bataille) n'auraient pas été engagés dans le péché ou dans ses conséquences.

Si David n'avait péché qu'en pensée sans faire suivre le péché en pensée par le péché en acte, les choses suivantes ne seraient pas arrivées : Urie ne serait pas mort, les soldats qui moururent avec lui ne seraient pas morts, il n'y aurait pas eu de fils conçu dans le péché et qui mourut, Amnon n'aurait pas commis la fornication avec Tamar en acte, Tamar n'aurait pas été déviergée hors du mariage, Absalom ne se serait pas rebellé, Absalom n'aurait pas commis un adultère d'État avec les concubines de David, Absalom n'aurait pas tué Amnon, Absalom n'aurait pas été tué, les nombreux Israélites qui moururent dans la rébellion d'Absalom auraient vécu.

Voici certaines raisons pour lesquelles quiconque a péché en pensée doit s'arrêter et ne pas aller plus loin :

1. Le Seigneur sera moins attristé,
2. Le Seigneur sera moins exposé à la moquerie,
3. Une mauvaise habitude sera évitée,
4. Personne d'autre ne sera ruiné par le péché,
5. Des maladies vénériennes ne seront pas contactées,
6. Il n'en résultera pas de grossesses,

7. Il n'y aura pas de bâtards,
8. Il n'y aura pas de filles-mères pour polluer la société,
9. Il n'y aura pas de divorces causés par l'adultère en acte,
10. Il n'y aura pas de foyers brisés,
11. Il n'y aura pas d'argent gaspillé,
12. Il n'y aura pas besoin d'histoires pour couvrir le péché,
13. Il n'y aura pas la ruine d'une descendance,
14. La restauration à Dieu sera plus rapide.

Nous supplions tous ceux qui ont été captivés par le diable pour faire sa volonté en commettant l'adultère ou la fornication dans leurs pensées, de lutter jusqu'à leur dernière énergie pour s'assurer qu'ils ne l'accompliront pas en pratique.

Cent actes d'adultère en pensée ont de loin moins de conséquences pratiques qu'un acte d'adultère en pratique !

Nous supplions tous les croyants, même s'ils ont été tentés :

- d'avoir des pensées immorales,
- de dire des paroles immorales,
- d'écouter des paroles immorales,
- d'avoir un attouchement immoral,
- d'avoir un baiser immoral,
- d'avoir une embrassade immorale,
- d'avoir un genre quelconque d'excitation immorale,

s'il te plaît, ne va pas de l'avant pour compléter ton péché. Un péché partiel est une chose ; un péché complet en est une autre. Compléter finalement le péché en commettant l'acte d'adultère, c'est comme donner à Dieu une gifle sur la figure.

Tu ne seras plus tout à fait le même après. Ta relation avec le Seigneur pourrait ne plus être la même après. Ta relation avec le partenaire de ton péché ne sera plus jamais la même après.

Tu as été averti.

Nous te supplions de prendre l'avertissement au sérieux !

Prends-le au sérieux maintenant.

Amen.

L'ATTITUDE DE DIEU ENVERS L'ADULTÈRE ET LA FORNICATION

13
LE SEIGNEUR EXIGEAIT UNE PUNITION SÉVÈRE POUR L'ADULTÈRE ET LA FORNICATION DANS L'ANCIEN TESTAMENT

Le Seigneur dit :

« *Si l'on trouve un homme couché avec une femme mariée, ils mourront tous les deux, l'homme qui a couché avec la femme, et la femme aussi. Tu ôteras ainsi le mal du milieu d'Israël.*

Si une jeune fille vierge est fiancée, et qu'un homme la rencontre dans la ville et couche avec elle, vous les amènerez tous deux à la porte de la ville, vous les lapiderez, et ils mourront, la jeune fille pour n'avoir pas crié dans la ville, et l'homme pour avoir déshonoré la femme de son prochain. Tu ôteras ainsi le mal du milieu de toi. Mais si c'est dans les champs que cet homme rencontre la jeune fille fiancée, lui fait violence et couche avec elle, l'homme qui aura couché avec elle sera seul puni de mort. Tu ne feras rien à la jeune fille ; elle n'est pas coupable d'un crime digne de mort, car il en est de ce cas comme de celui où un homme se jette sur son prochain et lui ôte la vie. La jeune fille fiancée, que cet homme a rencontrée dans les champs, a pu crier sans qu'il y ait eu personne pour la secourir.

> *Si un homme rencontre une jeune fille vierge non fiancée, lui fait violence et couche avec elle, et qu'on vienne à les surprendre, l'homme qui aura couché avec elle donnera au père de la jeune fille cinquante sicles d'argent ; et, parce qu'il l'a déshonorée, il la prendra pour femme, et il ne pourra pas la renvoyer, tant qu'il vivra »* (Deutéronome 22 : 22-29).

Dieu a toujours été totalement contre l'adultère et la fornication, et exigeait une très sévère punition pour violation des lois de la pureté sexuelle.

Il récompensait aussi ceux qui condamnaient l'immoralité sexuelle. La Bible dit :

> *« Et voici, un homme des enfants d'Israël vint et amena vers ses frères une Madianite, sous les yeux de Moïse et sous les yeux de toute l'assemblée des enfants d'Israël, tandis qu'ils pleuraient à l'entrée de la tente d'assignation. À cette vue, Phinées, fils d'Éléazar, fils du sacrificateur Aaron, se leva du milieu de l'assemblée, et prit une lance dans sa main. Il suivit l'homme d'Israël dans sa tente, et il les perça tous les deux, l'homme d'Israël, puis la femme, par le bas-ventre. Et la plaie s'arrêta parmi les enfants d'Israël. Il y en eut vingt-quatre mille qui moururent de la plaie.*
>
> *L'Éternel parla à Moïse, et dit : Phinées, fils d'Éléazar, fils du sacrificateur Aaron, a détourné ma fureur de dessus les enfants d'Israël, parce qu'il a été animé de mon zèle au milieu d'eux ; et je n'ai point, dans ma colère, consumé les enfants d'Israël. C'est pourquoi tu diras que je traite avec lui une alliance de paix. Ce sera pour lui et pour sa postérité après lui l'alliance d'un sacerdoce perpétuel, parce qu'il a été zélé pour son Dieu, et qu'il a fait l'expiation pour les enfants d'Israël »* (Nombres 25 : 6-13).

Si le Seigneur était si sévère contre l'adultère dans l'Ancien Testament, cela ne devrait-il pas nous mettre en garde sur le fait que, Lui, le Seigneur qui ne change point, ne peut pas maintenant tolérer cela ?

Dieu est aussi intolérant contre l'adultère et la fornication maintenant qu'Il l'était dans le passé. La réalité de la croix qui est le chemin de Dieu pour la délivrance de l'adultère et de la fornication signifie que ceux qui commettent l'adultère ou la fornication aujourd'hui le font plus délibérément que ceux de l'époque de l'Ancien Testament, parce qu'une échappatoire est maintenant disponible pour tous ceux qui veulent se libérer des griffes de l'adultère et de la fornication. La colère de Dieu se manifestera même plus contre ceux qui, ayant connu le chemin de la délivrance, continuent pourtant à demeurer dans les liens. En cela, ils tentent Dieu !

Le Seigneur a dit et continue à dire :

> « Si un homme commet un adultère avec une femme mariée, s'il commet un adultère avec la femme de son prochain, l'homme et la femme adultères seront punis de mort. » (Lévitique 20 : 10).

La sainteté était exigée des parents et des enfants. L'Éternel Dieu dit :

> « Si la fille d'un sacrificateur se déshonore en se prostituant, elle déshonore son père : elle sera brûlée au feu. » (Lévitique 21 : 9).

Si ceci était appliqué aujourd'hui comme autrefois, alors la fille d'un croyant quelconque, (puisque tous les croyants sont des sacrificateurs) qui commet l'adultère ou la fornication serait brûlée.

Ceci te montre-t-il le sérieux de l'affaire devant Dieu ? Vas-tu te réveiller du sommeil et t'éloigner de la mort en fuyant l'adultère et la fornication ? Tu ferais mieux de fuir maintenant !

14

LE VERDICT DE DIEU SUR L'ADULTÈRE ET LA FORNICATION AUJOURD'HUI

Le Seigneur dit aujourd'hui :

« *Vous avez appris qu'il a été dit : Tu ne commettras point d'adultère. Mais moi, je vous dis que quiconque regarde une femme pour la convoiter a déjà commis un adultère avec elle dans son cœur. Si ton œil droit est pour toi une occasion de chute, arrache-le et jette-le loin de toi ; car il est avantageux pour toi qu'un seul de tes membres périsse, et que ton corps entier ne soit pas jeté dans la géhenne. Et si ta main droite est pour toi une occasion de chute, coupe-la et jette-la loin de toi ; car il est avantageux pour toi qu'un seul de tes membres périsse, et que ton corps entier n'aille pas dans la géhenne.* » (Matthieu 5 : 27-30).

Tous ceux qui commettent l'adultère ou la fornication dans leur cœur ou dans leurs pensées, aussi bien que tous ceux qui le commettent en parole ou en action, iront sûrement en enfer, à moins qu'ils ne fassent quelque chose à ce sujet, quelque chose de profond et de durable.

La Bible dit :

« Ne savez-vous pas que les injustes n'hériteront point le royaume de Dieu ? Ne vous y trompez pas : ni les impudiques, ni les idolâtres, ni les adultères, ni les efféminés, ni les homosexuels, ni les voleurs, ni les cupides, ni les ivrognes, ni les outrageux, ni les ravisseurs, n'hériteront le royaume de Dieu. » (1 Corinthiens 6 : 9-10).

Tous les immoraux, les hommes et les femmes adultères, les infâmes, n'entreront pas dans le Royaume des cieux, quel que soit ce qu'ils confessent, sauf s'ils ont fait quelque chose pour se délivrer, et s'ils ont été délivrés de leur adultère et de leur fornication.

La Bible dit :

« Or, les œuvres de la chair sont évidentes ; ce sont l'impudicité, l'impureté, le dérèglement, l'idolâtrie, la magie, les rivalités, les querelles, les jalousies, les animosités, les disputes, les divisions, les sectes, l'envie, l'ivrognerie, les excès de table, et les choses semblables. Je vous dis d'avance, comme je l'ai déjà dit, que ceux qui commettent de telles choses n'hériteront point le royaume de Dieu » (Galates 5 : 19-21).

« Ceux qui sont à Jésus-Christ ont crucifié la chair avec ses passions et ses désirs. » (Galates 5 : 24).

La Bible déclare clairement que les hommes et les femmes adultères, et les fornicateurs n'hériteront pas le Royaume de Dieu. Si tu en es un, tu n'hériteras pas le Royaume de Dieu, à moins que tu ne fasses quelque chose de rapide et de final au sujet de ton adultère ou de ta fornication.

La Bible dit :

> « *Que l'impudicité, ni aucune impureté, ni la cupidité, ne soient pas même nommées parmi vous, ainsi qu'il convient à des saints. Qu'on n'entende ni paroles grossières, ni propos insensés, ou équivoques, choses qui sont contraires à la bienséance ; qu'on entende plutôt des actions de grâces. Car, sachez-le bien, aucun débauché, ou impur, ou cupide, c'est-à-dire idolâtre n'a d'héritage dans le royaume de Christ et de Dieu. Que personne ne vous séduise par de vains discours ; car c'est à cause de ces choses que la colère de Dieu vient sur les fils de la rébellion.* » (Éphésiens 5 : 3-6).

La Parole de Dieu dit que toi, mon lecteur, tu dois être sûr qu'aucun fornicateur ou adultère n'a de part ni dans le Royaume de Christ, ni dans celui de Dieu. Si tu es un adultère ou un fornicateur et que tu continues à l'être, même si c'est de façon occasionnelle, tu n'as certainement pas d'héritage dans le Royaume de Christ, ni dans celui de Dieu. Ton adultère continuel t'a éliminé du Royaume de Dieu. Ne te trompe point, en pensant que la miséricorde de Dieu couvrira ton adultère ou ta fornication parce que tu as cru au Seigneur Jésus. La foi au Seigneur Jésus qui permet à un homme de continuer occasionnellement dans l'adultère ou la fornication n'est pas la vraie foi. Ceux qui croient réellement, qui ont une foi authentique, ont crucifié la chair et ses désirs de façon permanente.

La Parole de Dieu dit :

> « *Faites donc mourir ce qui, dans vos membres, est terrestre, l'impudicité, l'impureté, les passions, les mauvais désirs, et la cupidité, qui est une idolâtrie. C'est à cause de ces choses que la colère de Dieu vient sur les fils de la rébellion.* » (Colossiens 3 : 5-6).

La Bible dit :

> « Ce que Dieu veut, c'est votre sanctification ; c'est que vous vous absteniez de l'impudicité ; c'est que chacun de vous sache posséder son corps dans la sainteté et l'honnêteté, sans vous livrer à une convoitise passionnée, comme font les païens qui ne connaissent pas Dieu ; c'est que personne n'use envers son frère de fraude et de cupidité dans les affaires, parce que le Seigneur tire vengeance de toutes ces choses, comme nous vous l'avons déjà dit et attesté » (1 Thessaloniciens 4 : 3-6).

La Bible dit :

> « Mais pour les lâches, les incrédules, les abominables, les meurtriers, les impudiques, les magiciens, les idolâtres et tous les menteurs, leur part sera dans l'étang ardent de feu et de soufre, ce qui est la seconde mort. » (Apocalypse 21 : 8).

Tous les fornicateurs qui continuent dans la fornication et tous les adultères qui continuent dans l'adultère seront dans l'étang ardent de feu et de soufre. Ils ont peut-être continué à commettre leur fornication en parole, en pensée ou en acte, peu importe la forme ; la destinée, l'étang de feu, sera la même pour eux tous ; car les pensées, les paroles et les actions sont des expressions d'un cœur adultère, et Dieu regarde directement au cœur et juge selon ce qu'Il voit dans le cœur.

Écoute, cher lecteur, tu pourrais avoir une expérience que tu appelles conversion, mais tout en continuant dans l'adultère ou la fornication. La vérité est que tu iras dans l'étang de feu, à moins que tu ne fasses quelque chose tout de suite pour cesser une fois pour toutes ta vie d'adultère ou de fornication. Tu pourrais être un grand prédicateur, enseignant, évangéliste, pasteur, faiseur de miracles ; tu pourrais avoir des visions et prophétiser et parler en d'autres langues pendant plusieurs heures par jour. Ce sont de bonnes choses. Cependant, si en plus de ces choses, tu pratiques l'adultère ou la fornication dans ton cœur, tu iras en enfer. Sache cela et fais quelque chose tout de suite à ce sujet.

Le dernier avertissement venant du dernier chapitre de la Bible dit :

> « *Heureux ceux qui lavent leurs robes, afin d'avoir droit à l'arbre de vie, et d'entrer dans les portes de la ville ! Dehors les chiens, les magiciens, les impudiques, les meurtriers, les idolâtres, et quiconque aime et pratique le mensonge.* » *(Apocalypse 22 : 14-15).*

Dieu a parlé très clairement dans le Nouveau Testament. Aurait-Il averti si sévèrement s'il n'y avait pas de conséquence éternelle pour les fornicateurs continuels ? On ne se moque pas de Dieu. Ce qu'un homme sème, c'est ce qu'il récoltera !

L'EXAMEN PERSONNEL

15
L'IMPACT SEXUEL

Ce qui est au-dedans d'une personne débordera. Quand tu rencontres quelqu'un, le degré où la sanctification intérieure a été produite en lui débordera. Dans son habillement, son langage, ses gestes, son apparence ainsi de suite, son homme intérieur s'extériorisera. Si le Seigneur a accompli une œuvre étendue de délivrance du péché d'immoralité sexuelle en la personne, en la rencontrant, elle t'apportera Dieu, et sa personnalité même te poussera à méditer sur la sainteté et sur le Dieu saint. Si d'autre part, la personne cède fréquemment à l'adultère et à la fornication dans ses pensées, ses paroles et ses actes, son homme intérieur sera rempli de ces choses et elles déborderont dès qu'on la rencontrera.

Une fille pure va créer une atmosphère de pureté alors qu'une fille impure créera une atmosphère d'immoralité. Pour la fille qui marche proche du Seigneur, qui connaît une marche croissante dans la sanctification, il y aura autour d'elle une couverture de gloire qui semblera dire aux hommes : « Laissez-la tranquille. Elle appartient à Dieu ». Pendant qu'une telle fille continuera à marcher avec Dieu dans la sanctification et l'obéissance, les hommes se désintéresseront progressivement de son apparence extérieure (bien qu'elle puisse être physiquement très attrayante), et s'intéresseront progressivement au Christ dont elle rayonne. Lorsqu'elle entrera dans une salle, sa présence poussera les gens à vouloir spontanément plus du Seigneur et plus de Sa sainteté. Personne ne sera poussé à la convoiter. Même les hommes charnels, qui sont facilement excités sexuellement, se rendront compte que leurs passions immorales semblent se mettre sous contrôle dans sa présence. Quelqu'un d'analytique pourrait l'observer des pieds à la tête et reconnaître qu'elle est physiquement bien formée, mais cette analyse ne sera pas suivie du désir de convoiter sa beauté dans le cœur.

D'autre part, une fille non consacrée et dont la vie intérieure est impure, semble soulever des vagues de convoitise. Quand elle entre dans une salle, des vagues de désir impur semblent couler d'elle, attirant tout le monde à la désirer et à être animés d'une passion impure, sauf ceux qui sont véritablement sanctifiés. Ceci arrivera même si la fille n'est pas attrayante. Ceci arrive parce que l'impureté en elle crée « des vagues de convoitise » qui coulent partout où elle va. Quand une telle fille arrive dans un environnement, les pensées de sainteté et les pensées sur le Dieu saint semblent s'évaporer, sauf pour ceux qui sont très consacrés qui pourraient être présents, étant donné qu'ils ne sont pas sous l'influence qu'elle impose aux autres.

Le fait que les hommes convoitent une femme ou non ne dépend pas principalement de sa beauté physique. Cela dépend surtout de la condition de son cœur. Les hommes convoiteront difficilement une fille sainte. Ils trouveront que c'est plus facile, et en fait, certains seront contraints, de convoiter une fille qui pratique une forme quelconque d'immoralité, que ce soit en pensée, en parole ou en acte. Aucune femme qui est sexuellement ou sensuellement admirée par plusieurs hommes ne devrait être flattée par le fait qu'ils sont épris de sa beauté physique. Ils sont en fait attirés par sa faillite morale. Un animal mort attire beaucoup de mouches sur lui, non parce qu'il est beau, mais parce qu'il est mort et en décomposition. Quand les hommes disent à une femme : « Tu es belle. Tu me pousses à rester auprès de toi », ils sont en fait en train de lui dire : Ta condition intérieure est pauvre. « Il te manque la sainteté de Dieu qui devrait te recouvrir et te mettre hors de portée. Tu n'as rien de plus à donner au-delà de la beauté de ton visage et de la beauté de ta forme ». Ceci signifie que pour une fille qui aime le Seigneur, et désire Le servir, des louanges sur son apparence physique devraient la pousser à se retirer dans la présence du Seigneur et à pleurer en disant au Seigneur : « Mon Seigneur, j'ai perdu mon voile de gloire. Les hommes ne voient plus ce voile de façon à être découragés. Ils voient la fille dévoilée et sont attirés. Je semble leur offrir ce qu'ils désirent. Seigneur, pardonne-moi. Montre-moi là où je T'ai perdu et où j'ai perdu mon voile, afin que je m'en repente, que je le recherche et en sois fraîchement revêtue ».

Ce que nous avons dit au sujet des filles et des femmes s'applique aussi aux hommes. Nous savons que les femmes sont généralement attirées par les dirigeants, qu'ils soient spirituels ou naturels. Quand un dirigeant spirituel marche devant Dieu dans une extrême pureté sexuelle en pensée, en parole et acte, il est revêtu de quelque chose de la gloire de Dieu. Ce voile qui se dégage de la pureté sexuelle est accru par une vie de prière et de jeûne. Un tel homme pourrait être physiquement très beau, mais le « voile de gloire » l'entoure et semble dire à chaque femme : « Celui-ci appartient à Dieu et au monde entier. Laisse-le ». Les femmes, même les femmes pleines de convoitise, vont difficilement convoiter un tel homme. Elles seront attirées au Seigneur en lui, mais la pensée de le désirer pour l'immoralité sexuelle ne trouvera pas de place dans leurs cœurs parce qu'il n'y a pas ce genre de place dans son propre cœur.

Lorsque les femmes commencent à se rapprocher physiquement d'un ministre de l'Évangile et se mettent à l'admirer physiquement et à le convoiter, ce n'est pas parce qu'il est beau, mais parce que, soit il a perdu la couverture divine qu'il a une fois eue, soit il n'en a jamais eu. Il devrait considérer l'admiration (sexuelle ou sensuelle) des femmes comme une évidence de pauvreté ou de décadence spirituelle.

Nous voyons chez le Seigneur Jésus que, bien que les femmes de tous genres eussent été attirées vers Lui et qu'elles se soient senties à l'aise avec Lui, l'attraction n'était pas due à son apparence physique ou à son charme physique. L'attraction était due à une vie intérieure riche et sainte. Cette vie intérieure qui était vécue dans une pureté et une sainteté profondes attirait ceux qui voulaient Dieu, et répugnait à ceux qui ne voulaient pas Dieu. Si c'était de l'attraction physique, Il aurait attiré autant les amoureux que les ennemis de Dieu. Mais ce n'était pas de l'attraction physique ; elle était spirituelle, et c'est pourquoi elle attirait profondément certains et répugnait grandement à d'autres. Ceux qui marchent proches du Seigneur et qui sont sensibles à l'onction qu'ils ont reçue, maintiennent le voile de gloire. Quand ils entrent dans une salle, ils y apportent la gloire de Dieu et tout change immédiatement. À leur entrée, les pensées, les désirs, les espoirs et les ambitions de tous les hommes changent. Ils imposent la gloire de Dieu aux gens. Ils contraignent même les gens mondains à confronter, ne serait-ce que pour un peu de temps, la gloire de Dieu.

Quand Moïse descendit d'un séjour de quarante jours dans la présence de Dieu, la Bible dit : « Moïse descendit de la montagne de Sinaï, ayant les deux tables du témoignage dans sa main, en descendant de la montagne ; et il ne savait pas que la peau de son visage rayonnait, parce qu'il avait parlé avec l'Éternel. Aaron et tous les enfants d'Israël regardèrent Moïse, et voici la peau de son visage rayonnait ; et ils craignaient de s'approcher de lui. Moïse les appela : Aaron et tous les principaux de l'assemblée vinrent auprès de lui, et il leur parla. » (Exode 34 : 29-31). Le visage de Moïse rayonnait. Une barrière fut créée entre le peuple et lui à cause de la gloire de Dieu qui était sur lui. Elle poussait les gens à s'éloigner. Elle le mettait hors de portée. Il lui fallait prendre l'initiative pour les rapprocher de lui. La barrière fut créée par son long séjour dans la présence de Dieu.

Chaque croyant devrait avoir un tel voile de gloire qui met à distance les gens du sexe opposé. Il devrait être maintenu en permanence, afin qu'en aucun cas, le ministre de l'Évangile ne donne aucune occasion à quiconque de le convoiter sexuellement.

Le problème est qu'il y a un prix à payer pour une telle pureté et un tel voile. Ceux qui ne veulent pas payer le prix ne peuvent pas avoir part à de telles richesses. Cette pureté intérieure continuelle, et ce séjour soutenu dans la présence de Dieu qui permettent que le « saint rayonnement » devienne une partie du revêtement d'un homme, sont à la portée de tous les croyants qui paieront le prix de la pureté rigoureuse et constante en pensée, en parole et en acte, et d'un abandon soutenu dans la présence de Dieu. Malheureusement, plusieurs croyants préfèrent une vie de sainteté générale, à la place d'une vie de sainteté spécifique. Ils préfèrent des contacts occasionnels avec Dieu au lieu d'une communion soutenue, et parce qu'ils ne veulent pas payer le prix, ils sont incapables d'avoir le voile de gloire.

Ô toi homme ou femme de Dieu, as-tu payé le prix ? Vas-tu payer le prix ? Nul ne peut faire du progrès à l'École de la Sanctification Intérieure tant qu'il n'est pas délivré du désir d'être admiré pour son apparence physique. Trop de gens adorent tellement à l'autel du « dieu de l'apparence physique » qu'ils sont incapables d'adorer le Seigneur. Nul ne peut adorer le Seigneur en esprit et en vérité et vouloir en même temps impressionner les gens avec son apparence physique.

Quand un croyant est délivré de la marche selon la chair, il est aussi délivré du désir d'être admiré pour son apparence physique. Ceux qui marchent par la chair sont toujours en train de penser à leur apparence physique. Ils ont peur qu'un jour ils se réveillent et trouvent que leur beauté physique a disparu. À cause d'une telle préoccupation, l'énergie qui aurait pu être investie à maintenir la sainteté intérieure est gaspillée.

LE PHYSIQUE ET LE SPIRITUEL

L'IMPACT SEXUEL

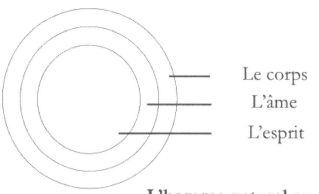

Le corps
L'âme
L'esprit

L'homme naturel ou charnel

Chez le croyant naturel ou charnel, ce que tu rencontres premièrement, c'est son corps, et ensuite tu pourrais rencontrer son âme, et finalement son esprit. Il en est ainsi parce que son esprit est relativement sous-développé et son corps est extra-développé. Tu peux immédiatement calculer combien de temps est consacré à l'entretien du corps physique en une semaine et comparer cela avec le temps consacré à l'entretien de l'esprit. Les choses se développent selon les soins qu'on leur accorde.

Une autre façon de considérer cela est que l'homme spirituel rencontre premièrement l'esprit d'un homme. Après, il rencontre son âme et puis son corps. Parce que l'homme spirituel a un esprit développé et libéré, il rencontre les gens premièrement avec son esprit ? Et ce n'est que plus tard qu'il rencontre leur âme et peut-être longtemps après, il pourrait « rencontrer » le corps de la personne.

L'homme spirituel est en quelque sorte comme le « revers » de l'homme naturel ou du croyant charnel. Ce qu'il a extérieurement et avec lequel il touche immédiatement les gens, c'est son esprit. Nous pouvons illustrer cela comme suit :

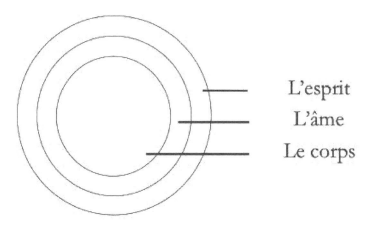

L'homme spirituel

L'homme spirituel touche premièrement l'esprit d'un homme. Peu importe s'il rencontre un homme spirituel ou charnel, il atteint l'esprit de l'homme à travers son propre esprit. De telles personnes ne sont impressionnées ni par la beauté du visage ni par la forme. Elles pourraient « rencontrer » quelqu'un du sexe opposé et entrer en relation avec lui, avoir une réelle communion avec lui, sans se toucher au niveau physique. La « profondeur » en eux s'extériorise et cherche, trouve et communie avec la profondeur en l'autre personne. Cette « profondeur » est la profondeur de l'esprit.

Il est important que le croyant marche avec le Seigneur et grandisse dans la vie spirituelle, afin qu'il réponde premièrement au spirituel des gens qu'il rencontre et non à leur chair. De cette manière, le problème de convoitise sera réglé de façon permanente.

LA PRÉOCCUPATION DE DIEU

Le Seigneur dit à Samuel :

> « *Ne prends point garde à son apparence et à la hauteur de sa taille, car je l'ai rejeté. L'Éternel ne considère pas ce que l'homme considère ; l'homme regarde à ce qui frappe les yeux, mais l'Éternel regarde au cœur* » (1 Samuel 16 : 7).

La préoccupation du Seigneur, c'est la beauté de l'homme intérieur. La préoccupation de l'homme spirituel, c'est la beauté de l'homme intérieur. Les hommes naturels et les hommes charnels sont préoccupés par la beauté de l'apparence extérieure. L'apparence extérieure charme et attire les hommes naturels et les hommes charnels, alors que seule la beauté intérieure a une signification pour l'homme spirituel.

Parce que Dieu est préoccupé par la beauté de l'homme intérieur, pendant qu'une personne marche progressivement avec le Seigneur, sa beauté intérieure devient progressivement plus évidente. Pendant que la beauté intérieure grandit progressivement, la beauté extérieure diminue considérablement. Nous pouvons présenter ces faits comme suit :

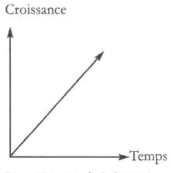
La croissance de la beauté intérieure avec le temps

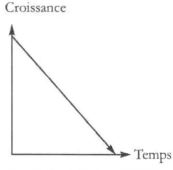
Le déclin de la beauté intérieure avec le temps

L'apôtre Paul dit :

> « *Et lors même que notre homme extérieur se détruit, notre homme intérieur se renouvelle de jour en jour* » *(2 Corinthiens 4 : 16).*

Cette destruction de l'homme extérieur est un grand problème pour l'homme naturel ou le croyant charnel. Il fait tout pour arrêter le vieillissement. On investit beaucoup pour cacher les symptômes de la destruction, mais les symptômes apparaissent et progressent quand même.

La réalité est que nul ne peut réellement se préoccuper de la croissance de l'homme intérieur et en même temps être préoccupé par la détérioration de l'homme extérieur. Nul ne peut regarder dans deux directions en même temps.

La principale raison pour laquelle les gens sont anxieux au sujet de la détérioration de l'homme extérieur est qu'ils veulent continuer à exercer la domination sur le sexe opposé. C'est une mauvaise nouvelle pour une femme charnelle, que de savoir qu'elle a perdu sa puissance d'influence sur le sexe opposé par son apparence. Les gens charnels aiment exercer de la puissance sur le sexe opposé. Même s'il n'y a pas de contact sexuel réel avec l'admirateur, ils préfèrent tout faire pour s'assurer qu'ils sont admirés. De telles femmes prennent plaisir à dominer ou à régner sur les hommes ? Même si c'est d'une manière générale.

Il est donc évident que les lourds investissements dans l'habillement, la toilette et le reste, sont le débordement des attitudes sexuelles qui ne sont pas encore passées par la touche divine. C'est une préoccupation pour des choses dont Dieu ne se préoccupe pas.

CONDUIRE LES AUTRES AU PÉCHÉ

T'es-tu jamais demandé pourquoi tu t'habilles de la manière dont tu le fais ? Je suis souvent surpris de voir des femmes mariées lutter pour acheter et porter des habits que leurs maris ne veulent pas qu'elles achètent et portent. Je me suis souvent demandé : « Pour qui s'habillent-elles ? Qui veulent-elles attirer ? » Il y a une seule personne sur terre à qui leurs corps appartiennent selon les Écritures qui disent :

> « La femme n'a pas autorité sur son propre corps, mais c'est le mari ; et pareillement, le mari n'a pas autorité sur son propre corps, mais c'est la femme. » (1 Corinthiens 7 : 4).

Une femme mariée devrait s'habiller pour faire plaisir à son mari et à personne d'autre. Ce n'est malheureusement pas le cas. Souvent le mari est contraint de voir une femme négligée et mal habillée à la maison, mais quand c'est le moment de sortir, qu'elle soit seule ou avec le mari, la femme change immédiatement ses vêtements, fait sa toilette et porte sa meilleure robe. La question est : « Pour qui s'habille-t-elle ? » Ce n'est certainement pas pour le mari. Elle a décidé que l'ayant conquis, il peut maintenant la voir très mal habillée. Elle doit s'habiller pour plaire à un autre homme ou à d'autres hommes, ou au monde entier d'hommes en général. C'est le débordement d'un cœur qui n'est pas totalement délivré d'une vie sensuelle. C'est l'évidence d'un cœur qui n'est pas pur.

As-tu jamais pensé à l'impact de tes chaussures, de tes habits, de ta coiffure et des choses semblables ? T'habilles-tu pour attirer quelqu'un vers toi ? T'habilles-tu pour exciter quelqu'un sexuellement ? T'habilles-tu pour que les gens du sexe opposé puissent t'admirer, soient attirés vers toi et te convoitent dans leurs cœurs ? Les vêtements qu'une personne porte peuvent grandement contribuer à aider celui qui est faible à demeurer pur. Les habits portés par quelqu'un peuvent aussi contribuer grandement à séduire les hommes. Ce qui est dit à propos des habits est aussi valable pour les regards, les manières, les salutations, les poignées de main, ainsi de suite. On peut aussi les utiliser pour attirer l'attention du sexe opposé.

Chaque homme est responsable devant Dieu pour chaque femme qu'il pousse à le convoiter par un habillement incorrect quel qu'en soit le genre. Ce pourrait être un habillement qui attire l'attention sur lui, ou un habillement suggestif.

Chaque femme est responsable devant Dieu pour chaque homme qu'elle a poussé à la convoiter, que ce soit à travers ce qu'elle porte, ou à travers la manière dont elle le porte, quand elle le porte et pour combien de temps elle le porte, ainsi de suite. Elle est responsable pour tous ceux qu'elle a conduits à la convoiter par sa manière de les séduire avec ses regards. Elle est responsable pour tous ceux qu'elle pousse à la convoiter pas sa démarche et ses manières.

Au tribunal de Christ, les gens ne rendront pas seulement compte pour la convoitise de leurs cœurs. Ils rendront compte pour chaque personne qu'ils auront poussée d'une manière ou d'une autre, directement ou indirectement, à les convoiter. C'est là une affaire sérieuse, car le Seigneur dit :

> « Mais, si quelqu'un scandalisait un de ces petits qui croient en moi, il vaudrait mieux pour lui qu'on suspendît à son cou une meule de moulin, et qu'on le jetât au fond de la mer. » (Matthieu 18 : 6).

Écoute, très cher saint, as-tu réfléchi sur l'impact que produira pour le meilleur ou pour le pire ton habillement ? As-tu des habits dont tu sais qu'ils attireront des gens qui ne devraient pas être attirés à toi ? Que vas-tu faire à ce sujet ? Vas-tu continuer à les porter quel que soit le dommage qu'ils pourraient causer à un saint ou à un saint potentiel ? As-tu jamais eu à l'esprit qu'en portant cette robe une fois de plus, elle pourrait pousser quelqu'un à chuter pour ne plus jamais se relever ? Tu pourrais dire que tu as ta liberté dans le Seigneur de t'habiller comme cela te plaît. Eh bien, cela peut être vrai. Mais, as-tu la liberté de pousser un croyant faible à tomber et peut-être à périr à jamais ? Se pourrait-il que ta robe pousse un faible prédicateur qui est en train de lutter avec la convoitise, à tomber et à ruiner ainsi sa carrière complètement ? L'amour pour un frère plus jeune ne te contraint-il pas à abandonner ta liberté et à cesser de porter une quelconque chose qui est potentiellement nocive pour le faible ? L'apôtre Paul dit :

> « Ce n'est pas un aliment qui nous rapproche de Dieu : si nous en mangeons, nous n'avons rien de plus ; si nous n'en mangeons pas, nous n'avons rien de moins. Prenez garde, toutefois, que votre liberté ne devienne une pierre d'achoppement pour les faibles. Car,

> *si quelqu'un te voit, toi qui as de la connaissance, assis à table dans un temple d'idoles, sa conscience, à lui qui est faible, ne le portera-t-elle pas à manger des viandes sacrifiées aux idoles ? Et ainsi le faible périra par ta connaissance, le frère pour lequel Christ est mort ! En péchant de la sorte contre les frères, et en blessant leur conscience faible, vous péchez contre Christ. C'est pourquoi, si un aliment scandalise mon frère, je ne mangerai jamais de viande, afin de ne pas scandaliser mon frère* » (1 Corinthiens 8 : 8-13).

Nous pouvons aussi dire : « Si porter une robe quelconque scandalise mon frère, je ne la porterai jamais, afin de ne pas scandaliser mon frère ».

Attirer les hommes ou les femmes à soi, éveiller leur désir pour des rapports sexuels que ce soit par l'habillement, les manières ou des choses semblables, ensuite ne pas satisfaire leur désir qui a été suscité, c'est quelque chose de semblable à la prostitution et pire.

LA PRIÈRE DE L'AUTEUR POUR LUI-MÊME

Il arriva un jour dans ma vie où je fus conduit à prier comme suit : « Seigneur, accorde que j'apparaisse physiquement non attrayant, oui, Seigneur, physiquement déplaisant à toutes les femmes sur la Planète terre, exceptée à la seule femme que Tu as destinée à être ma femme. Qu'il n'y ait en moi aucun charme qui soit désiré par une autre femme quelconque. Que toutes me trouvent laid, sauf ma femme. Mon Seigneur, permets qu'il en soit ainsi maintenant et jusqu'à ce que Tu reviennes, Amen. »

Il y eut un autre jour où je priai : « Mon Seigneur et mon Dieu, ô puisse ce qui est considéré par certains comme de la beauté physique en moi, disparaître tout de suite et disparaître à jamais, et puisse la beauté intérieure, la beauté de l'esprit et de l'âme être formée en moi en pleine mesure immédiatement. »

Vas-tu faire ces deux prières pour toi-même ? Quand le Seigneur commença à me conduire de cette manière, j'étais surpris que cela ait pris une semaine pour que j'accepte les termes de cette première prière et que je l'offre à Dieu comme un cri du cœur. Dès le début, quand je me rendis compte que mon cœur était en train de résister à cette prière, je sus que j'avais un problème dans mon cœur. J'étais encore lié par le désir d'attirer les femmes et de les voir me désirer pour quelque chose d'extérieur. Cependant Dieu traita réellement avec moi, de manière qu'une semaine après le combat initial, j'arrivai à un niveau d'abandon total à ce sujet ; j'entrai dans le repos de Dieu et je fis la prière à Dieu comme un cri du cœur.

Que le Seigneur travaille la même chose en toi et alors tu seras pleinement béni. Louange au Seigneur !

16
LA PRATIQUE DE LA VÉRITÉ DANS LA VIE SEXUELLE

Il est probable qu'il y ait plus de fausseté parmi les croyants dans la vie sexuelle que dans aucun autre domaine. Il en est ainsi particulièrement parce que chaque péché sexuel est une manifestation de la fausseté.

Prenons par exemple la fornication. La fornication est le fait que deux personnes non mariées prétendent qu'elles le sont alors qu'elles ne sont pas mariées l'une à l'autre. Ensuite, l'adultère est la fausseté de deux personnes mariées qui prétendent qu'elles ne sont pas mariées à leurs véritables conjoints, mais sont mariées l'une à l'autre. La masturbation est la fausseté d'une personne qui n'est pas en train d'avoir un rapport sexuel, mais qui prétend être en train de l'avoir et ainsi, essaie d'avoir le plaisir qu'elle aurait dû avoir dans un rapport sexuel sans un rapport sexuel véritable. Le pelotage est le péché d'essayer de jouir du fruit d'un rapport sexuel sans en avoir effectivement un. C'est la séduction propre qui consiste à dire : « J'aurai tout le plaisir que je peux avoir, mais je n'irai pas jusqu'au bout. Je n'aurai commis ni adultère, ni fornication. Je ne serai pas en train de courir le risque d'une quelconque grossesse ou d'une maladie vénérienne. » Évidemment, c'est de la séduction propre, car il ne peut y avoir de caresses sans la convoitise immorale en pensées. Le Seigneur Jésus dit :

« Mais moi, je vous dis que quiconque regarde une femme pour la convoiter a déjà commis un adultère avec elle dans son cœur. » (Matthieu 5 : 28).

Qu'en est-il des pensées immorales ? C'est la séduction propre d'une expérience dans la pensée de ce qu'on devrait expérimenter dans le corps. C'est l'adultère ou la fornication dans l'âme, car la pensée fait partie de l'âme. De telles pensées ternissent l'être tout entier et rendent la personne coupable devant Dieu. Elles brisent sa relation avec Dieu, et détruisent sa capacité de réceptivité spirituelle aussi bien que de labeur spirituel. La Bible lance cet avertissement :

« Ne la convoite pas dans ton cœur pour sa beauté » (Proverbes 6 : 25).

Convoiter la beauté d'une femme qui n'est pas la tienne, c'est pécher.

Qu'en est-il de l'attachement émotionnel à quelqu'un qui n'est pas ton mari ou ta femme ? Es-tu attaché à la personne parce que son apparence physique te plaît ? Vous pourriez être en train de faire le travail du Seigneur ensemble, mais le fais-tu uniquement à cause du Seigneur ou en partie à cause du plaisir que vous trouvez l'un dans l'autre ? Il pourrait ne pas y avoir d'actes sexuels. Il pourrait ne pas y avoir de baisers, ni de caresses, mais vos émotions ne sont-elles pas engagées l'un pour l'autre ? Es-tu prêt à rompre la relation à partir du moment où tu trouves qu'elle est en train de devenir incontrôlable ? Il serait bon de confronter carrément les questions suivantes et d'examiner ton cœur afin de ne pas continuer à te tromper toi-même.

1. Es-tu en train de commettre l'adultère ou la fornication en actes avec quelqu'un ? Si oui, tu peux être sûr qu'à moins que tu ne te repentes, tu iras en enfer. La Bible dit : « *Mais pour les lâches,... les impudiques (fornicateurs),... leur part sera dans l'étang ardent de feu et de soufre, ce qui est la seconde mort.* » *(Apocalypse 21 : 8)*. Il faut que tu arrêtes immédiatement ce péché. Il faut que tu arrêtes aussi complètement cette relation. Ne te trompe pas toi-même en pensant que vous pouvez continuer à être des amis sans retomber dans le même péché. Si vous êtes engagés ensemble dans l'œuvre du Seigneur, il est préférable d'arrêter de travailler ensemble. Si vous continuez à travailler ensemble, il est très probable que vous recommenciez à commettre le même péché. Il y a très peu de gens qui, étant tombés dans le péché sexuel, et s'étant retrouvés ensemble là où il y avait une opportunité pour le sexe, ne soient pas rentrés comme des chiens à leurs vomissures. Il est préférable de laisser l'œuvre du Seigneur souffrir et de sauver vos âmes que de continuer à essayer de Le servir pour périr le dernier jour. Il est aussi vrai que pendant que vous commettiez occasionnellement la fornication, votre

service commun pour le Seigneur était pour Lui une abomination. Votre service ne peut ni Le servir, ni promouvoir Son Royaume. Quant à toi, tu ne recevras pas du tout de récompense pour cela. Si tu continues à pécher, tu seras dans l'étang de feu ce jour-là. Le Seigneur récompensera-t-Il ceux qui, bien qu'ayant accompli le service chrétien, ont péri à cause du péché ? Certainement pas. Il n'y aura pas de récompense ni de couronne pour ceux qui seront en enfer, quelque laborieux que soit le travail accompli pour le Seigneur avant qu'ils tombent dans le péché, et quelle que soit la souffrance endurée pour Lui pendant qu'ils vivaient dans le péché, même en des occasions très rares. Quelqu'un pourrait se demander si je ne suis pas très dur ! À une telle personne, je dis : Voici les recommandations du Seigneur Lui-même : « *Si ton œil droit est pour toi une occasion de chute, arrache-le et jette-le loin de toi ; car il est avantageux pour toi qu'un seul de tes membres périsse, et que ton corps entier ne soit pas jeté dans la géhenne. Et si ta main droite est pour toi une occasion de chute, coupe-la et jette-la loin de toi ; car il est avantageux pour toi qu'un seul de tes membres périsse, et que ton corps entier n'aille pas dans la géhenne.* » *(Matthieu 5 : 29-30)*. Le Seigneur recommanda un traitement radical pour chaque péché d'immoralité. Seuls des insensés peuvent agir différemment. Ne sois pas un tel insensé. Si tu as une fois commis l'immoralité avec quelqu'un, ne lui rends pas visite seul. Ne lui écris pas de lettre d'amour. N'aie pas de contacts avec lui. Il est un instrument pour ta destruction éternelle. Il te poussera à la perdition. À n'importe quel prix, sauve ton âme.

2. Es-tu en train de pratiquer des baisers, des caresses, des attouchements avec quelqu'un ? Arrête cela immédiatement. Tout ce qui est écrit ci-dessus s'applique aussi à toi. Sauve ton âme. Tu pourrais commencer par des baisers et en arriver à l'acte ! De plus, les baisers immoraux sont déjà l'adultère ou la fornication dans le cœur, et le Seigneur regarde au cœur. Tu es un adultère ou un fornicateur spirituel, et à moins que tu n'arrêtes cela tout de suite, tu périras. On ne se moque pas de Dieu. Ce qu'un homme sème, c'est ce qu'il récolte aussi. Tu récolteras les fruits de tes passions impures et combien amers et combien éternels seront-ils ce jour-là !
3. Es-tu en train de te masturber ? C'est là un péché de viol de soi-même. Tu pourrais le cacher à toute autre personne, mais Dieu ne t'a-t-Il pas vu pendant que tu commettais ce péché ? Tu vas aussi périr si tu n'arrêts pas cela. Plusieurs masturbateurs m'ont dit qu'ils ont tenté en vain d'arrêter leur péché. La vérité est que c'est une fausse excuse pour continuer dans le péché. Tu peux arrêter cela et il faut que tu arrêtes cela, si tu veux voir le Royaume de Dieu ce jour-là.
4. Es-tu en train d'entretenir une relation avec une personne du sexe opposé dont tu aurais honte si les films tirés de cette relation étaient projetés sur des écrans ? Si oui, il faut que tu l'arrêtes. Les caméras de Dieu sont continuellement en action, et toute ta vie apparaîtra ce jour-là sur l'écran, aux yeux de tout le monde, excepté ce qui a été confessé et abandonné. Prépare-toi pour ce jour-là. Toute la vérité paraîtra à la lumière.

5. Es-tu en train d'entretenir avec ton conjoint des rapports au cours desquels, une fois que tu es uni à elle/lui sexuellement, tu dois, pour pouvoir jouir, t'imaginer que tu es en train d'avoir la relation avec une autre personne ? Si tel est le cas, tu es une abomination. C'est le sommet de la fausseté. C'est le mensonge à son plus haut degré. Passer toute une vie conjugale dans l'adultère, c'est sceller ta damnation. Arrête immédiatement. Si tu ne peux pas trouver de jouissance dans les rapports sexuels avec ton conjoint, il est préférable de t'abstenir de tout rapport sexuel et de conserver ton salut, plutôt que d'en avoir, de commettre l'adultère pendant que tu l'as, et de devenir un candidat sûr pour le lac de feu.

6. Commets-tu la fornication ou l'adultère avec quelqu'un dans tes pensées ? La personne ou les personnes pourraient être éloignées de toi, mais ta pensée est devenue un « bordel » où se déroule le péché sexuel continuellement. Tu pourrais le commettre avec une ou plusieurs personnes. Peu importe le nombre. La seule chose qui importe est que tu es un hypocrite. Tu es en train de pratiquer le péché dans ton âme, bien que ne le pratiquant pas dans ton corps. La Bible dit que l'âme qui pèche mourra. La tienne mourra à moins que tu ne te repentes tout de suite et n'arrêtes immédiatement et définitivement tout péché de ce genre. Il faut que ce soit un arrêt radical et brutal, car il n'y a pas de moyen tendre pour arrêter le péché. Un homme peut-il se débarrasser amicalement d'une vipère ? Certainement pas. Chacun cherche à détruire la vie de l'autre. L'un des deux doit mourir.

7. As-tu écrit à quelqu'un une lettre ou des lettres dont tu n'aimerais pas que les gens lisent le contenu ? S'il en est ainsi, tes lettres sont immorales. As-tu un nom dont tu uses pour appeler quelqu'un et que tu ne voudrais faire connaître à personne d'autre à cause de l'intimité que comporte ce nom ? C'est aussi la fausseté. Arrête-la.
8. Embrasses-tu quelqu'un plus longuement en privé qu'en public ? C'est aussi la fausseté. Arrête-la
9. T'assieds-tu plus près de quelqu'un du sexe opposé qui n'est pas ton conjoint en privé que tu ne le ferais en présence des autres ? C'est aussi un mensonge. Arrête cela.
10. Donnes-tu des cadeaux à quelqu'un du sexe opposé et tu n'aimerais pas que ton mari ou ta femme, ton ami ou ton dirigeant spirituel sachent ? Si c'est le cas, tous les cadeaux de ce genre sont iniques. Dieu ne les approuve pas, car Il ne peut jamais approuver quelque chose qui est fait en cachette.
11. Rends-tu à quelqu'un des visites dont tu aimerais cacher la fréquence ? Cela est une indication du péché car, tout ce qui est de la vérité vient à la lumière.
12. As-tu besoin de créer une raison supplémentaire en plus de la véritable raison pour rendre visite à quelqu'un du sexe opposé ? Si c'est le cas, il y a quelque chose de mauvais dans cette relation. Elle doit s'arrêter.
13. Donnes-tu l'impression à quelqu'un du sexe opposé qu'elle t'est proche et que tu l'aimes, alors que tu endures juste la présence de l'intéressé ? C'est un mensonge. La vérité doit être dite.

14. Donnes-tu l'impression à une personne du sexe opposé qu'elle est ta préférée alors que dans ton cœur tu préfères une autre à elle ? C'est le mensonge. Dis à tous la vérité. Le Seigneur n'avait jamais caché le fait qu'Il aimait Jean d'une manière différente des autres disciples. Il ne cachait pas le fait qu'il Lui était spécial. Le Seigneur n'avait pas caché à Marthe que Marie avait choisi la meilleure part qui ne pouvait pas lui être ôtée. La politique d'essayer de faire croire à tout le monde que chacun est la personne la plus chère, est le produit d'un cœur tordu. Il faudrait que cela soit arrêté et qu'il y ait restitution.

15. Fais-tu des cadeaux à un membre du sexe opposé avec l'intention de l'attirer à toi pour le mariage, tout en prétendant que tu es juste aimable envers elle en tant que sœur en Christ ? C'est la fausseté.

16. Es-tu en train d'essayer de te rapprocher d'un membre du sexe opposé dans le but de mieux te livrer à des investigations sur les possibilités de faire d'elle ton épouse et d'avoir un impact sur elle, tout en prétendant que tu es juste en train de faire d'elle un disciple ou de lui apprendre à conduire, ou à faire quelque chose de nouveau ? Cela aussi, c'est de la fausseté. Il faut s'en repentir, le confesser et l'abandonner.

17. Y a-t-il quelque chose au sujet de ta vie passée que tu as caché à ton conjoint à tel point qu'il ignore qui tu es et ce que tu as fait ?

18. Avais-tu prétendu être vierge le jour de ton mariage alors qu'en réalité tu ne l'étais pas ? Ceci aussi nécessite la repentance, la confession et la restitution.

Si quelqu'un ne pratique la fausseté dans aucun domaine de sa relation avec le sexe opposé, alors il a fait un très grand progrès dans l'École de la Vérité. C'est ce que Dieu attend de tous ceux qui prononcent le nom de Son Fils Saint et exalté. C'est ce qu'Il attend de toi. À moins que tu n'apportes la vérité dans la fausseté, que peut donc faire le juge, sinon que d'appliquer la punition ?

LA DÉLIVRANCE DU PÉCHÉ D'ADULTÈRE ET DE FORNICATION

17
LA LOI DE L'ESPRIT DE VIE EN JÉSUS-CHRIST

La Bible dit :

> *« Il n'y a donc maintenant aucune condamnation pour ceux qui sont en Jésus-Christ. En effet, la loi de l'Esprit de vie en Jésus-Christ m'a affranchi de la loi du péché et de la mort. Car - chose impossible à la loi, parce que la chair la rendait sans force - Dieu a condamné le péché dans la chair, en envoyant, à cause du péché, son propre Fils dans une chair semblable à celle du péché, et cela afin que la justice de la loi soit accomplie en nous qui marchons, non selon la chair, mais selon l'Esprit. » (Romains 8 : 1-4).*

La première chose que toute personne qui voudrait être délivrée du péché d'adultère et de fornication devrait connaître, c'est qu'une telle délivrance est effectivement possible. Seuls ceux qui croient que cela est possible peuvent entrer dans cette expérience. Ceux qui, à travers beaucoup d'échecs dans le passé, croient maintenant que la délivrance de l'adultère et de la fornication n'est pas possible, resteront dans les liens jusqu'à ce qu'ils changent de pensée à ce sujet. Le Seigneur dit au peuple d'Israël :

> « *Peut-être diras-tu dans ton cœur : ces nations sont plus nombreuses que moi ; comment pourrai-je les chasser ? Ne les crains point. Rappelle à ton souvenir ce que l'Éternel, ton Dieu, a fait à Pharaon et à toute l'Égypte, les grandes épreuves que tes yeux ont vues, les miracles et les prodiges, la main forte et le bras étendu, quand l'Éternel, ton Dieu, t'a fait sortir : ainsi fera l'Éternel, ton Dieu, à tous les peuples que tu redoutes. L'Éternel, ton Dieu, enverra même les frelons contre eux, jusqu'à la destruction de ceux qui échapperont et qui se cacheront devant toi. Ne sois point effrayé à cause d'eux ; car l'Éternel, ton Dieu, est au milieu de toi, le Dieu grand et terrible.* » (Deutéronome 7 : 17-21).

Si tu crois que tu peux être et que tu seras délivré, tu seras plus capable de coopérer avec Dieu pour ta délivrance. Si tu doutes que le Seigneur peut te délivrer, tu es en train de te ranger du côté de l'Ennemi et le Seigneur ne peut rien faire. Il y a deux choses que toi seul peux apporter comme contribution à ta délivrance du péché d'adultère ou de fornication. La première, c'est ton adultère ou ta fornication. Tu ne peux pas être délivré de ce que tu n'as pas ou de ce que tu n'es pas. La deuxième chose que toi et toi seul peux apporter comme contribution c'est ta foi : la foi au Libérateur, le Seigneur Jésus, la foi dans le mécanisme de la délivrance - sa mort sur la croix, la foi en ta capacité de coopérer avec le Libérateur pour ta délivrance.

Le Seigneur Jésus exigeait toujours ce genre de foi de ceux qui voulaient Son aide. Par exemple, Il demanda aux aveugles qui voulaient être guéris par Lui :

« *Croyez-vous que je puisse faire cela ?* » *(Matthieu 9 : 28).*

Ils lui répondirent :

« *Oui Seigneur. Alors, il toucha leurs yeux en disant : qu'il vous soit fait selon votre foi. Et leurs yeux s'ouvrirent* » *(Matthieu 9 : 28-30).*

Le Seigneur te dit aujourd'hui : « Si tu dis dans ton cœur, cet adultère en pensée, parole et acte est plus fort que moi, comment puis-je en être libéré ? » Tu ne seras pas libéré. Si d'autre part, tu prends en considération l'encouragement du Seigneur et refuse d'être effrayé même par l'échec du passé, alors le Seigneur qui est dans le ministère de délivrance en toi, te délivrera.

À cette heure même, le Seigneur te demande : « Que veux-tu que Je fasse pour toi ? » Pourquoi ne pas répondre : « Seigneur, que je sois délivré complètement et une fois pour toutes du péché d'adultère et de fornication en motif, pensée, parole et acte. Je veux être libéré de telle manière que je n'y tombe plus ». Si tu réponds ainsi, le Seigneur te posera une autre question : « Crois-tu que je puisse faire cela ? » Crois et dis-Lui : « Oui, Seigneur, Tu peux me rendre libre maintenant et Tu es capable de le faire d'une façon permanente. Seigneur, oh, puisses-Tu le faire aujourd'hui ».

Le Seigneur va sûrement te poser une autre question. Il te dira : « Tu crois que Je suis capable de le faire. C'est bon. Crois-tu que Je l'ai fait une fois pour toutes sur Ma croix ? Crois-tu que J'ai pris tous tes adultères et toute ta fornication en pensée, parole et acte sur Ma croix et que je les ai emportés de façon permanente ? Crois-tu que Je l'ai fait une fois pour toutes ? Crois-tu que cette partie pécheresse de toi a été portée sur Ma croix et y a été clouée une fois pour toutes ? »

Crois-tu qu'Il est capable de le faire ?

Crois-tu qu'Il l'a fait ?

DIEU L'A FAIT

La Bible dit :

> « *Car, chose impossible à la loi, parce que la chair la rendait sans force, Dieu a condamné le péché dans la chair, en envoyant, à cause du péché, son propre Fils dans une chair semblable à celle du péché, et cela afin que la justice de la loi soit accomplie en nous, qui marchons, non selon la chair, mais selon l'Esprit.* » (Romain 8 : 3-4).

Dieu a fait ce que tu ne pouvais pas faire. En Christ, Il est allé à la croix et en y mourant Il a condamné le péché dans la chair. La puissance du péché a été brisée. La puissance du péché à te gouverner est brisée.

Il y a eu un temps où la puissance de l'adultère et de la fornication était si forte que, que tu le veuilles ou non, tu étais forcé, en dépit de toi-même, de les commettre. C'était un maître qui te gouvernait. Tu en étais esclave.

Dieu merci, ce temps-là est passé. Lorsque le Seigneur est allé à la croix, Il prit avec Lui la puissance que l'adultère et la fornication avaient sur toi et a crucifié cette puissance en la clouant sur Sa croix. Il l'a fait. Il l'a fait. Il l'a fait.

Dès le jour où le Seigneur Jésus mourut sur la croix, la puissance de l'adultère et de la fornication sur les croyants au

Seigneur Jésus fut brisée. Elle fut brisée si totalement que dès ce jour, chaque croyant au Seigneur Jésus peut mettre sous contrôle l'adultère et la fornication. Il peut les expulser de sa vie complètement.

En ce qui concerne le péché d'adultère et de fornication, nous pouvons diviser l'histoire du croyant comme suit :

- Avant la mort du Seigneur Jésus sur la croix, l'adultère et la fornication avaient une puissance d'asservissement. Ils pouvaient contrôler une personne et la forcer en dépit d'elle-même, à se soumettre à leurs exigences. Même aujourd'hui, ceux qui n'ont pas reçu le Seigneur Jésus, sont encore dans les liens et sont gouvernés par l'adultère et la fornication. Ils les commettent quand ils le veulent, et ils ne les commettent quand ils ne le veulent pas.
- À la croix, le Seigneur a brisé la puissance de l'adultère et de la fornication une fois pour toutes. Dès ce moment, la puissance de l'adultère et de la fornication à rendre le croyant esclave fut détruite. Quiconque est en Christ peut vivre une vie libre d'adultère et de fornication

À cause de ce que le Seigneur Jésus-Christ a fait sur la croix, tous ceux qui croient en Lui reçoivent la puissance de vivre des vies libres d'adultère. Quiconque croit au Seigneur Jésus et commet l'adultère le fait non parce qu'il est incapable de s'en empêcher, mais parce qu'il a opté pour l'adultère.

La mort de Jésus-Christ sur la croix n'a pas détruit la capacité du croyant à décider ou à choisir. La mort n'a fait que briser la puissance que l'adultère et la fornication avaient sur tous les hommes et femmes, et qui les forçait malgré eux-mêmes à tomber.

Avant la mort du Seigneur sur la croix, la volonté des membres de la race humaine était tenue en captivité, de façon qu'ils ne pouvaient que vouloir ce que Satan voulait. Ils décidaient donc, malgré eux-mêmes, de commettre l'adultère et la fornication chaque fois que Satan voulait qu'ils le fassent. Dans Sa mort sur la croix, le Seigneur Jésus brisa cette tyrannie de Satan, cette domination qu'il avait sur les gens et Il les mit en état d'avoir en eux la puissance de dire « non » aux demandes de Satan.

Avant que le Seigneur Jésus-Christ ne meure sur la croix, il y avait une loi opérationnelle dans les membres de la race humaine, appelée : « La loi du péché et de la mort ». Par cette loi, le diable tyrannisait les gens, leur imposant sa volonté et les poussant à faire même les choses qu'ils n'aimaient pas. Cette loi les forçait à commettre l'adultère et la fornication bien que sachant qu'ils conduiraient à leur ruine. Ils agissaient contrairement à leur meilleur et plus grand intérêt. Tous ceux qui n'ont pas encore cru au Seigneur Jésus sont encore gouvernés par la loi du péché et de la mort. C'est une loi qui s'assure que les désirs du diable sont satisfaits. La loi du péché et de la mort, c'est la loi par laquelle Satan force ceux qui sont siens, à pécher dès qu'il le leur commande et à subir les conséquences de leur péché. Il les force à travers l'opération de celle-ci, à pécher et à se détruire eux-mêmes. De telles personnes sont impuissantes entre les mains de Satan. Elles se détruisent en faisant ce qu'elles savent devant les détruire. Elles sont incapables de résister. Elles ne peuvent pas résister.

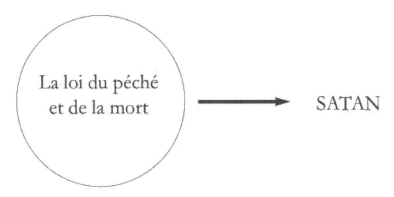

La Bible l'appelle « la loi du péché et de la mort ». Cela signifie que c'est une force qui opère indépendamment de l'opinion de la personne concernée. Prenons par exemple la loi de la gravité. Si tu sautes du haut de la toiture d'une maison et décides que tu ne vas pas tomber à terre, mais que tu resteras plutôt suspendu en l'air, tu vas tout de même tomber sur le sol. La loi te poussera à tomber ? Quels que soient tes pensées et souhaits.

Quand Jésus Christ mourut sur la croix, Il brisa la puissance de la loi du péché et de la mort. La loi du péché et de la mort a perdu sa puissance à contraindre ceux qui sont en Christ à faire des choses qu'ils ne veulent pas. Le croyant au Seigneur Jésus n'est pas incliné ou déformé vers Satan.

Quand Jésus mourut sur la croix, Il mit en opération une nouvelle loi appelée « la loi de l'Esprit de vie en Jésus-Christ ». Cette loi opère en ceux qui sont en Christ, pour s'assurer qu'ils ne soient pas juste neutres ; parce que la loi du péché et de la mort a été détruite, ils sont inclinés, déformés, tournés en direction de la volonté de Dieu.

Il y a donc deux choses que le Seigneur a faites par Sa croix. Premièrement, Il a brisé la puissance de la loi du péché et de la mort. Deuxièmement, Il a mis en opération la loi de l'Esprit de vie en Jésus-Christ à travers laquelle le croyant est tourné en direction de la volonté de Dieu.

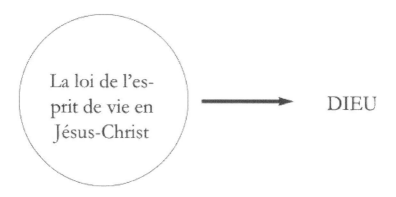

L'opération de la loi de l'Esprit de vie en Jésus-Christ implique que l'inclination intérieure du croyant est loin de l'adultère et de la fornication. L'inclination intérieure est vers la sainteté, la pureté et tout ce qui satisfait le Seigneur.

À la conversion, le Saint-Esprit vient pour demeurer dans le croyant et pour faire que la loi de l'Esprit de vie en Jésus-Christ devienne opérationnelle. C'est donc normal pour le croyant de ne pas pécher. C'est normal pour le croyant de haïr l'adultère et la fornication. C'est normal pour le croyant de fuir l'adultère et la fornication.

Dès le moment où une personne est née de nouveau, l'Esprit de vie vient demeurer en elle pour pousser la loi de l'Esprit de vie en Jésus-Christ à commencer à agir. Pour qu'un croyant commette alors l'adultère ou la fornication, il faudrait qu'il se décide avec détermination d'aller contre la loi, la loi de l'Esprit de vie en Jésus-Christ. Il faudrait qu'il décide de surmonter cette barrière intérieure et soit déterminé à pécher. Ayant fixé sa pensée et sa volonté dans une telle direction, Dieu est contraint de respecter la « souveraineté limitée » de l'homme en permettant à ce dernier de faire ce qu'il veut. Il n'y a pas de croyant qui ne puisse commettre l'adultère s'il fixe sa pensée et son être à le faire.

La loi de la gravité a des limites. Si une personne s'éloigne progressivement de la terre, elle s'éloigne aussi progressivement de la force de gravitation de la terre. Pendant qu'elle s'éloigne, la loi de la gravité perd progressivement de sa puissance sur elle. Si elle continue, elle arrivera à un point où la loi de la gravité n'a pas de pouvoir sur elle. Elle est alors « libre ».

Si un croyant décide de s'éloigner du Seigneur, il s'éloignera. Il pourrait le faire doucement et sûrement de manière qu'il atteigne un niveau où la loi de l'Esprit de vie en Jésus-Christ n'est plus pleinement opérationnelle dans sa vie. Dans cette condition, il peut commettre facilement l'adultère ou la fornication. S'il continue dans cette condition, il se détériorera au point où il sera attiré progressivement dans la direction de la fornication et de l'adultère ; et il pourra finir par agir comme quelqu'un qui n'avait jamais cru. S'étant éloigné de la « sphère opérationnelle » de la loi de l'Esprit de vie en Jésus-Christ, la loi du péché et de la mort devient à nouveau opérationnelle, car la nature, même la « nature spirituelle » hait le vide. Si dès le moment de sa conversion, un croyant marche avec Dieu, étant sensible et obéissant au Saint-Esprit au-dedans de lui, fuyant tout ce qui est :

- inique,
- douteux, ou
- neutre (qui n'aide pas),

il sera fortifié et recevra la capacité de continuer dans la pureté en :

- pensée,
- parole,
- et acte.

Une telle personne n'a pas besoin d'être libérée du péché d'adultère et de fornication. Il est né dans le Royaume étant libre. Il est réellement libre. Gloire à Dieu le Père, à Dieu le Fils et à Dieu le Saint-Esprit, pour ceux qui ont foulé un tel chemin dès le moment où ils ont cru au Seigneur Jésus jusqu'à ce jour. Ceux-là sont des chrétiens normaux.

18
FAIRE MOURIR

Si un croyant marche normalement avec le Seigneur, Le craignant, Lui obéissant et étant quotidiennement rempli du Saint-Esprit, il grandira naturellement et sera normal. Il n'aura pas besoin de mettre des choses à mort, car les choses avaient été bien gérées dès le moment où il avait cru.

Malheureusement, ce ne sont pas tous les croyants qui marchent quotidiennement dans la crainte du Seigneur ; étant sensibles à l'onction qu'ils ont reçue, obéissant au Seigneur en toutes choses, et étant quotidiennement remplis du Saint-Esprit. À cause de cet échec, des anomalies se développent dans la marche spirituelle de plusieurs enfants de Dieu.

Une partie du problème résulte du fait que la chirurgie radicale qui devrait avoir lieu lors de la conversion n'avait jamais été accomplie. Par exemple, on devait aider chaque jeune converti à voir clairement qu'une séparation radicale d'avec le passé est indispensable[1].

Une autre partie du problème découle du fait que ceux qui sont tombés dans le péché d'adultère et de fornication ont besoin d'être restaurés.

Le troisième aspect du problème est qu'il y a des gens qui viennent au Seigneur après avoir pénétré les profondeurs même de l'immoralité sexuelle. Leurs êtres tout entiers semblent inclinés vers cette direction et comme conséquence, il pourrait ne pas être facile de les traiter comme des personnes différentes des non-croyants, car ils sont tout aussi bien esclaves. Un jeune Juif qui avait maintenu les standards de la pureté exigée par la loi de Moïse avant sa conversion, pourrait ne pas avoir besoin du même traitement qu'un Gentil qui a vécu dans une société libre et a grandi dans l'immoralité avant sa conversion. L'avertissement au sujet de l'immoralité était une partie significative de l'exhortation de l'apôtre Paul aux jeunes croyants.

Ainsi, l'avertissement de faire mourir est donné à celui qui, après sa conversion, continue à avoir des problèmes avec l'adultère et la fornication, que ce soit en pensée, en parole ou en acte. La Bible dit :

> « Faites donc mourir ce qui, dans vos membres, est terrestre, la débauche (la fornication), l'impureté, les passions, les mauvais désirs, et la cupidité, qui est une idolâtrie. C'est à cause de ces choses que la colère de Dieu vient sur les fils de la rébellion c'est ainsi que vous marchiez autrefois, lorsque vous viviez dans ces péchés » (Colossiens 3 : 5-8).

> « Ceux qui sont en Jésus-Christ ont crucifié la chair avec ses passions et ses désirs » (Galates 5 : 24).

L'appel à crucifier signifie-t-il que la crucifixion par Christ n'était pas suffisante ? Non. La crucifixion que doit accomplir le croyant n'est possible qu'à cause de la crucifixion que le Seigneur a accomplie sur la croix. Il a crucifié la chair et ses désirs. Je prends position et m'accorde avec Lui en crucifiant moi-même ce qu'Il a crucifié. Ceci aboutira à une crucifixion à deux volets, ce qui satisfait le cœur de Dieu. Dieu est alors capable d'avoir l'homme comme Son co-ouvrier, non seulement dans le salut, mais aussi dans la sanctification. En d'autres termes, le ciel a crucifié et attend que la terre crucifie, afin que le ciel et la terre puissent travailler ensemble.

En ce qui concerne le « faire mourir », il y a là trois parties. L'apôtre Paul le dit clairement lorsqu'il écrit :

> *« A vous dépouiller, par rapport à votre vie passée, du vieil homme qui se corrompt par les convoitises trompeuses, à être renouvelés dans l'esprit de votre intelligence, et à revêtir l'homme nouveau, créé selon Dieu dans une justice et une sainteté que produit la vérité. » (Éphésiens 4 : 22-24).*

La Bible dit :

> *« Si donc vous êtes ressuscités avec Christ, cherchez les choses d'en haut, où Christ est assis à la droite de Dieu. Attachez-vous aux choses d'en haut, et non à celles qui sont sur la terre. Car vous êtes morts, et votre vie est cachée avec Christ en Dieu. Quand Christ, votre vie, paraîtra, alors vous paraîtrez aussi avec lui dans la gloire. Faites donc mourir ce qui, dans vos membres, est terrestre, la débauche (la fornication), l'impureté, les passions, les mauvais désirs et la cupidité, qui est une idolâtre. C'est à cause de ces choses que la colère de Dieu vient sur les fils de la rébellion ; c'est ainsi que vous marchiez autrefois, lorsque vous viviez dans ces péchés. Mais*

maintenant, renoncez à toutes ces choses, à la colère, à l'animosité, à la méchanceté, à la calomnie, aux paroles équivoques qui pourraient sortir de votre bouche. Ne mentez pas les uns aux autres, vous étant dépouillés du vieil homme et de ses œuvres, et ayant revêtu l'homme nouveau, qui se renouvelle, dans la connaissance, selon l'image de celui qui l'a créé. » (Colossiens 3 : 1-10).

1. Cherchez les choses d'en haut.
2. Affectionnez-vous aux choses d'en haut.
3. Faites mourir ce qui est terrestre.
4. Soyez renouvelés dans l'esprit de votre intelligence.
5. Revêtez l'homme nouveau.

Nous avons dit avant qu'il faut qu'une personne sache ce qu'elle veut, lorsqu'elle désire la pureté du cœur. Quand elle sait ce qu'elle veut, elle doit chercher ce qu'elle veut. Chercher signifie que la personne est prête à investir tout d'elle-même et tout ce qu'elle a dans sa recherche. Celui qui cherchera les choses d'en haut, celui qui cherchera cette pureté sexuelle sans laquelle nul ne peut voir le Seigneur, doit être quelqu'un qui s'est saisi de la vérité du fait que Dieu est sérieux lorsqu'Il dit :

« Heureux ceux qui ont le cœur pur, car ils verront Dieu. » (Matthieu 5 : 8).

Et

« Recherchez la paix avec tous, et la sanctification, sans laquelle personne ne verra le Seigneur. » (Hébreux 12 : 14).

Le chercheur sait qu'à moins qu'il ne soit saint et n'ait un cœur pur, il ne verra pas le Seigneur. Il est déterminé à chercher le Seigneur, à lutter et à investir toutes choses. Pour une telle personne, c'est la pureté ou la mort. Il n'y a pas d'autre possibilité.

Je dois confesser qu'il y en a très peu qui poursuivent la sainteté et la pureté du cœur comme le Seigneur le voudrait. Trop de gens sont à l'aise dans leur péché. Trop de gens se contentent de la sanctification partielle. Ils ne sont pas saisis par le fait que ceux qui sont impurs et ceux qui ne connaissent la sanctification pratique que partiellement sont pareils. Ils ne sont pas sanctifiés et ne verront pas le Seigneur.

Mon cher, as-tu confronté le fait qu'à moins que ton cœur ne soit pur de toutes impuretés sexuelles, tu ne verras pas le Seigneur ? As-tu confronté le fait qu'à moins que tu ne t'efforces d'entrer par la porte étroite de la pureté sexuelle, tu ne pourras pas entrer dans le Royaume de Dieu ? As-tu jamais réalisé que si tu continues à pratiquer tes adultères et fornications occasionnels en pensées et en paroles et peut-être en actes, tu iras sûrement en enfer, si le Seigneur revenait soudainement et te trouvait dans cette condition ? Pense à ton futur.

Une fois que les choses sont vues de cette manière, la recherche devient un style de vie. Oui, la recherche devient quelque chose au sujet duquel nul n'a besoin d'être amadoué. Tous cherchent ! En cherchant, ils se concentrent. Ils fixent leurs pensées sur la pureté sexuelle. Ils sont sérieux. Ils savent qu'ils doivent maintenir le même niveau de pureté sexuelle que Job avait atteint, car il dit au Seigneur :

« J'avais fait un pacte avec mes yeux, et je n'aurais pas arrêté mes regards sur une vierge. Quelle part Dieu m'aurait-il réservée d'en

haut ? Quel héritage le Tout-Puissant m'aurait-il envoyé des cieux ? La ruine n'est-elle pas pour le méchant, et le malheur pour ceux qui commettent l'iniquité ? » (Job 31:1-3).

Fixer sa pensée est une résolution ferme et inébranlable. C'est total. Tout y est mis. La concentration est permanente. Toutes les distractions sont interdites. Tout est mis en œuvre pour rendre la concentration constante.

Une telle personne fait mourir tout ce qui l'attire vers l'immoralité sexuelle en pensée, en parole et en acte. Elle refusera de voir certaines personnes ; elle se refusera d'aller à certains lieux. Elle rompra toutes les relations neutres. Elle rompra toutes les relations qui, bien qu'utiles, sont inclinées vers le péché sexuel. Elle sera impitoyable envers elle-même. Elle déterminera les choses dans son cœur, les confessera de ses lèvres et les exécutera en pratique.

Il ne fera pas seulement mourir. Il aura son intelligence renouvelée. La pensée renouvelée voit les choses du point de vue de Dieu. La pensée renouvelée ne se demande pas si elle doit faire certaines choses parce que nul ne le saura jamais. Elle ne le fera pas parce que Dieu le saura. Elle sait que tout péché est contre Dieu. La pensée renouvelée considère chaque acte de péché sexuel comme une grande méchanceté contre Dieu. La pensée renouvelée sait que Dieu voit le cœur et ainsi, prend premièrement plaisir à la sainteté du cœur. La pensée renouvelée agit, marche et vit devant Dieu. Là, il n'y a pas lieu de se cacher.

La pensée renouvelée a aussi la force de désirer ce que Dieu désire, et de coopérer avec Dieu pour s'assurer que la purification est suivie du fait de s'occuper de la sainteté. La pensée renouvelée ne se préoccupe pas seulement de ce qui a été ôté. Elle est plus concernée par ce qui est revêtu, car ce qui est revêtu s'assure que le péché ne revient pas dans le futur. Par conséquent, le renouvellement de l'intelligence sera suivi du fait de se revêtir !

As-tu fait mourir tout ce que tu dois faire mourir ? As-tu demandé et reçu une intelligence qui voit l'adultère et la fornication comme Dieu les voit ? As-tu demandé et reçu l'intelligence qui voit la sainteté dans la vie sexuelle telle que Dieu la voit ? As-tu revêtu cette sainteté et cette pureté dans chaque domaine de ta relation avec le sexe opposé ?

Penses-y, agis, et que le Seigneur te bénisse. Tu chercheras et trouveras la libération totale, la libération de l'adultère et de la fornication approuvée par Dieu, et tu l'auras lorsque tu l'auras cherchée et auras cherché Dieu de tout ton cœur !

---

1. Pour plus de détails à ce sujet, lire le chapitre 5 de « **Le Chemin de la Vie** » disponible à la même adresse que ce livre et écrit par le même auteur.

19
ARRACHER ET COUPER

Le Seigneur Jésus dit :

« *Vous avez appris qu'il a été dit : Tu ne commettras point d'adultère. Mais moi, je vous dis que quiconque regarde une femme pour la convoiter a déjà commis un adultère avec elle dans son cœur. Si ton œil droit est pour toi une occasion de chute, arrache-le et jette-le loin de toi ; car il est avantageux pour toi qu'un seul de tes membres périsse, et que ton corps entier ne soit pas jeté dans la géhenne. Et si ta main droite est pour toi une occasion de chute, coupe-la et jette-la loin de toi ; car il est avantageux pour toi qu'un seul de tes membres périsse, et que ton corps entier n'aille pas dans la géhenne.* » (Matthieu 5 : 27-30).

L'enseignement du Seigneur met ici l'emphase sur un certain nombre de choses. Nous allons brièvement voir certaines d'entre elles.

La première est que, pour le Seigneur Jésus, tous ceux qui commettent l'adultère ou la fornication, que ce soit en pensée, en parole ou en acte, iront en enfer, à moins qu'ils ne se repentent de leur péché et portent du fruit digne de la repentance en cessant complètement de pratiquer le péché, même occasionnellement. La réalité est que, en ce qui concerne le Seigneur, la personne qui regarde une femme pour la convoiter, par exemple une fois par mois, périra, à moins qu'elle ne se repente et porte du fruit digne de repentance.

À partir de ce que le Seigneur a dit ; il est tout à fait évident qu'il ne peut y avoir aucun espoir d'entrer dans le Royaume de Dieu pour quiconque continue à commettre l'adultère en pensée, en parole ou en acte. De telles personnes sont complètement exclues. La Bible dit :

> *« Heureux ceux qui lavent leurs robes, afin d'avoir droit à l'arbre de vie, et d'entrer par les portes dans la ville ! Dehors les chiens, les magiciens, les débauchés, les meurtriers, les idolâtres, et quiconque aime et pratique le mensonge »* (Apocalypse 22 : 14-15).

La deuxième chose évidente est que le Seigneur Jésus considère que les actes d'adultère dans le cœur sont autant condamnables que les actes d'adultère en pratique. Quelqu'un pourrait paraître devant l'homme comme pur, c'est-à-dire comme celui qui ne commet pas l'adultère ou la fornication, alors que dans son cœur et devant Dieu, il est connu réellement pour ce qu'il est : un adultère ou un fornicateur qui doit se repentir et porter du fruit digne de la repentance ou être jeté dans l'étang de feu.

Troisièmement, le Seigneur Jésus considère qu'une personne devrait payer n'importe quel prix pour sauver son âme. Il considère que quiconque est sensé devrait sacrifier tout ce qu'il peut pour enlever tout obstacle qui l'empêche d'entrer dans le royaume des cieux. Ainsi donc, un œil ou une main qui obstrue la voie doit être ôté. En d'autres termes, chaque prix qui nécessite d'être payé doit l'être afin de ne pas périr.

L'application pratique extérieure de cet enseignement signifie qu'il faut qu'on « arrache » et qu'on « coupe ». Considérons un ou deux exemples des Écritures. La Bible dit :

> « *Après que cela fut terminé, les chefs s'approchèrent de moi, en disant : Le peuple d'Israël, les sacrificateurs et les Lévites ne se sont point séparés des peuples de ce pays, et ils imitent leurs abominations, celles des Cananéens, des Héthiens, des Phérésiens, des Jébusiens, des Ammonites, des Moabites, des Égyptiens et des Amoréens. Car ils ont pris de leurs filles pour eux et pour leurs fils, et ont mêlé la race sainte avec les peuples de ce pays ; et les chefs et les magistrats ont été les premiers à commettre ce péché* » *(Esdras 9 : 1-2).*

Que fit Esdras lorsqu'il entendit ceci ? La Bible dit :

> « *Lorsque j'entendis cela, je déchirai mes vêtements et mon manteau, je m'arrachai les cheveux de la tête et les poils de la barbe ; et je m'assis désolé. Auprès de moi s'assemblèrent tous ceux que faisaient trembler les paroles du Dieu d'Israël, à cause du péché des fils de la captivité ; et moi, je restai assis et désolé, jusqu'à l'offrande du soir. Puis, au moment de l'offrande du soir, je me levai du sein de mon humiliation avec mes vêtements et mon manteau déchirés, je tombai à genoux, j'étendis les mains vers l'Éternel, mon Dieu, et je dis : Mon Dieu, je suis dans la confusion, et j'ai honte, ô mon Dieu, de lever ma face vers toi ; car nos iniquités se sont multipliées par-dessus nos têtes, et nos fautes ont atteint jusqu'aux cieux. Depuis les jours de nos pères nous avons été grandement coupables jusqu'à ce jour, et c'est à cause de nos iniquités que nous avons été livrés, nous, nos rois et nos sacrificateurs, aux mains des rois étrangers, à l'épée, à*

la captivité, au pillage et à la honte qui couvre aujourd'hui notre visage. Et cependant l'Éternel, notre Dieu, vient de nous faire grâce en nous laissant quelques réchappés et en nous accordant un abri dans son saint lieu, afin d'éclaircir nos yeux et de nous donner un peu de vie au milieu de notre servitude. Car nous sommes esclaves, mais Dieu ne nous a pas abandonnés dans notre servitude. Il nous a rendu les objets de la bienveillance des rois de Perse, pour nous conserver la vie afin que nous puissions bâtir la maison de notre Dieu et en relever les ruines, et pour nous donner une retraite en Juda et à Jérusalem. Maintenant, que dirons-nous après cela, ô notre Dieu ? Car nous avons abandonné tes commandements, que tu nous avais prescrits par tes serviteurs les prophètes, en disant : Le pays dans lequel vous entrez pour le posséder est un pays souillé par les impuretés des peuples de ces contrées, par les abominations dont ils l'ont rempli d'un bout à l'autre avec leurs impuretés ; ne donnez donc point vos filles à leurs fils et ne prenez point leurs filles pour vos fils, et n'ayez jamais souci ni de leur prospérité ni de leur bien-être ; et ainsi vous deviendrez forts, vous mangerez les meilleures productions du pays, et vous le laisserez pour toujours en héritage à vos fils. Après tout ce qui nous est arrivé à cause des mauvaises actions et des grandes fautes que nous avons commises, quoique tu ne nous aies pas, ô notre Dieu, punis en proportion de nos iniquités, et maintenant que tu nous as conservé ces réchappés, recommencerions-nous à violer tes commandements et à nous allier avec ces peuples abominables ? Ta colère n'éclaterait-elle pas encore contre nous jusqu'à nous détruire, sans laisser ni reste ni réchappés ? Éternel, Dieu d'Israël, tu es juste, car nous sommes aujourd'hui un reste de réchappés. Nous voici devant toi comme des coupables, et nous ne saurions ainsi subsister devant ta face.

Pendant qu'Esdras, pleurant et prosterné devant la maison de Dieu, faisait cette prière et cette confession, il s'était rassemblé auprès de lui une foule très nombreuse de gens d'Israël, hommes,

ARRACHER ET COUPER

> *femmes et enfants, et le peuple répandait d'abondantes larmes. Alors Schecania, fils de Jehiel, d'entre les fils d'Elam, prit la parole et dit : Nous avons péché contre notre Dieu, en nous alliant à des femmes étrangères qui appartiennent aux peuples du pays. Mais Israël ne reste pas pour cela sans espérance. Faisons maintenant une alliance avec notre Dieu pour le renvoi de toutes ces femmes et leurs enfants, selon l'avis de mon Seigneur et de ceux qui tremblent devant les commandements de notre Dieu. Et que l'on agisse d'après la loi. Lève-toi car cette affaire te regarde. Nous serons avec toi. Prends courage et agis. Esdras se leva, et il fit jurer aux chefs des sacrificateurs, des Lévites, et de tout Israël, de faire ce qui venait d'être dit. Et ils le jurèrent* » (Esdras 9 : 3-10 : 5).

Lorsque le serment fut fait, la Bible dit :

> « *Tous ceux-là avaient pris des femmes étrangères, et les avaient renvoyées avec leurs enfants.* » (Esdras 10 : 44 traduit de l'anglais).

Ce n'était pas chose facile, mais ce fut fait. C'était une séparation très pénible, mais avaient-ils le choix ? Il fallait soit satisfaire Dieu, soit se satisfaire eux-mêmes. Ils choisirent de satisfaire le Seigneur à un grand prix. Voilà ce que pourrait signifier couper ou arracher.

Cela pourrait aussi signifier que tu renonces à un emploi bien rémunéré à cause des risques d'être engagé dans une forme ou une autre d'immoralité sexuelle. Par exemple, tu peux être une secrétaire dont le corps intéresse le patron. C'est mieux de démissionner de ton emploi et de rester chômeur que de conserver ton emploi et te compromettre par des baisers, des caresses et d'autres formes d'adultère et de fornication. Cela pourrait signifier que tu quittes une certaine maison, une rue, une ville ou même une nation totalement afin de t'éloigner de la possibilité de pécher. Cela pourrait signifier rompre une certaine amitié qui avait bien commencé, mais qui commence à aller dans la mauvaise direction - avant que le dommage ne se produise. Il pourrait ne pas y avoir de péché immédiatement évident, mais tu pourrais discerner que l'intimité qui est en train de se développer trouble ta conscience, ne serait-ce que d'une petite façon. Il se pourrait que l'autre personne qui est moins spirituelle ne le ressente pas. Toi qui l'as ressenti, fais quelque chose à ce sujet. Mets-y un terme. Fais-le, même au risque d'être mal compris.

Il y a un autre aspect du sujet. Des parents vivant dans un environnement susceptible de pousser leurs enfants à tomber dans l'adultère et la fornication doivent abandonner cet environnement, quels que soient les inconvénients qui en résultent, afin de sauver leurs enfants de la ruine. Ils doivent « le couper » pour leur bien.

Finalement, il est question de savoir quand est-ce qu'on devrait arracher l'œil ou couper la main. La personne devrait-elle attendre jusqu'à ce que cela le conduise à tomber dans le péché avant de prendre des mesures radicales pour remédier à la situation ? Non, évidemment. Des mesures radicales doivent être prises pour s'assurer que cela n'arrive pas la première fois. Un acte d'adultère ou de fornication pourrait être suffisant pour ruiner tout l'avenir. Amnon ne l'avait pas fait deux fois ; David n'était pas tombé une seconde fois. Prévenir vaut mieux que guérir.

SE CONNAÎTRE SOI-MÊME

Il serait bon de te connaître toi-même le plus tôt possible, afin de savoir comment te protéger de la ruine. Tu peux te poser la question : « Où se situe ma principale faiblesse ? Est-ce dans l'amour de l'argent, du sexe ou de la puissance ? » Si tu n'es pas sûr que ton problème est dans le domaine du sexe, tu dois te demander : « Est-ce que j'ai quelquefois des pensées impures ? Est-ce que j'ai eu des problèmes avec le sexe opposé avant ma conversion ? Où est-ce que mes frères et sœurs ont des problèmes ? »

En se posant de telles questions, tu devrais parvenir à une connaissance du fait que tu pourrais avoir des problèmes avec le sexe opposé et faire toute chose possible pour te protéger et ne pas t'exposer.

On raconte l'histoire d'une femme qui avait acheté une voiture neuve pour elle-même et voulait un chauffeur. Trois hommes se présentèrent pour l'emploi. Elle entreprit de les interviewer, afin de sélectionner le meilleur d'entre eux comme chauffeur. Elle demanda au premier homme : À quelle proximité d'un précipice peux-tu conduire sans y tomber ? L'homme répondit qu'il était un conducteur si méfiant qu'il pouvait se rapprocher à deux mètres du précipice sans y tomber. Le deuxième homme dit qu'il était si habile qu'il pouvait se rapprocher à un demi-mètre du précipice et passer sain et sauf. Le troisième homme dit : « Je m'éloignerai de plusieurs kilomètres du précipice. Je m'éloignerai de tous les précipices que je connais ». La femme embaucha le troisième homme qui devint son chauffeur. Les gens sages s'éloignent du danger. Les insensés se trompent au sujet de leur puissance à vaincre, se rapprochent, et sont détruits.

Frère, sœur, connais-toi toi-même et agis en conséquence.

Que Dieu te bénisse !

SE CONNAÎTRE SOI-MÊME – 1

Nous avons abordé brièvement la nécessité pour une personne de connaître où se situe sa faiblesse. En ce qui concerne la possibilité de tomber dans l'adultère ou la fornication, il y a cinq choses qu'une personne a besoin de connaître sur soi-même pour pouvoir se protéger efficacement. Ce sont :

1. Sa nature sexuelle fondamentale.
2. Sa nature sexuelle héritée.
3. L'attitude sexuelle de son environnement.
4. Ses expériences du passé.
5. L'impact de son ministère.

1 - LA NATURE SEXUELLE FONDAMENTALE

Tous les êtres humains ne naissent pas avec les mêmes impulsions sexuelles. Certains ont de plus fortes impulsions que d'autres. Les êtres humains peuvent être classés comme suit :

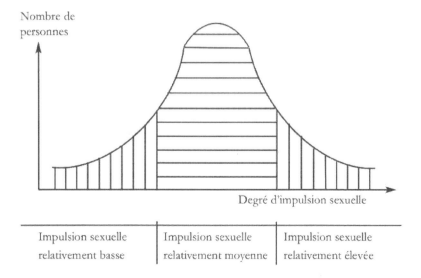

Une personne qui a une impulsion sexuelle relativement basse n'aura pas beaucoup de tentations dans le domaine du sexe, alors qu'une personne ayant une impulsion sexuelle relativement élevée est susceptible d'avoir beaucoup de problèmes dans le domaine du sexe.

Cette différence dans la nature sexuelle fondamentale n'est pas changée par la conversion, sauf par un miracle spécial de Dieu. Ceci signifie qu'une personne ayant une impulsion sexuelle basse sera habitée par le Saint-Esprit et continuera à avoir une impulsion sexuelle basse, alors qu'une personne avec une impulsion sexuelle élevée sera aussi habitée par le Saint-Esprit et continuera à avoir une impulsion sexuelle élevée.

Tu dois chercher à savoir si tu as une impulsion sexuelle basse, moyenne ou élevée. Ceux qui ont une impulsion sexuelle élevée doivent s'assurer qu'ils évitent tout contact possible avec le sexe opposé dans des situations qui pourraient pousser leurs fortes impulsions à les vaincre et à les détruire.

2 - LA NATURE SEXUELLE HÉRITÉE

Le fils de l'homme et de la femme qui marchaient dans la pureté et tenaient leurs corps sous contrôle « hérite » quelque chose de la pureté et de la discipline de ses parents.

De même, le fils d'un père adultère et d'une mère adultère « hérite » aussi quelque chose de leur condition de cœur adultère, de leur attitude sexuelle légère, de leur attitude légère envers les alliances, et ainsi de suite.

Il serait bon de faire face à ce qu'est ton arrière-plan (ton passé) et connaître quels sont tes avantages et désavantages. Si ton arrière-plan a été positif en ce qui concerne les péchés du sexe, tu dois en être reconnaissant au Seigneur et marcher dans la pureté afin que tes descendants aient le même avantage que tu as eu. Si d'autre part, ton arrière-plan a été celui de la promiscuité, tu as besoin de veiller, d'être plus observateur et prudent, et de beaucoup prier, car l'histoire peut vouloir se répéter ! Tu as un désavantage, mais tu n'as pas besoin de tomber. Accroche-toi au Seigneur, et marche dans la sainteté.

3 - L'ATTITUDE SEXUELLE DE SON ENVIRONNEMENT

Si tu as vécu dans un environnement où la sainteté et la pureté sexuelle étaient à l'ordre du jour, tu es béni, car chaque acte de péché sexuel, baiser, attouchement et les choses semblables, te choqueront et t'offenseront, et ton homme intérieur réagira contre de telles choses. Si d'autre part, tu as vécu ou es en train de vivre où les gens sont à moitié nus la plupart du temps, où les histoires d'immoralité abondent, où le sexe et toutes sortes d'images immorales sont montrées à la télévision, où les bâtards sont nombreux et les filles-mères représentent un grand pourcentage de la population, où la prédication ne condamne pas l'adultère et la fornication, tu es susceptible de devenir tolérant envers les maux sexuels ? Et si tu ne fais pas attention, tu risques de t'y retrouver progressivement.

Si ton environnement est permissif, il te faut te rapprocher plus du Seigneur. Lot vécut à Sodome et fut souillé par Sodome. Ses standards moraux se dégradèrent tellement que bien que voyant le mal qu'il y avait à commettre le péché entre hommes, consentit et même suggéra que ses filles vierges fussent données à ses agresseurs afin de créer la paix (Genèse 19 : 1-11).

4 - TES EXPÉRIENCES DU PASSÉ

Si tu n'as commis ni fornication ni adultère avant que tu ne croies au Seigneur Jésus, il te sera plus facile de vivre une vie sexuelle pure. Si d'autre part, tu avais profondément plongé dans ces maux, et pendant longtemps, il te faudra faire plus attention. Ta résistance pourrait céder plus facilement à moins que tu ne marches très proche du Seigneur. Ainsi, connais-toi toi-même et ensuite, agis avec sagesse.

5 - L'IMPACT DE TON MINISTÈRE

Si ton ministère cause la ruine du royaume du diable, il te faut faire spécialement attention. Il voudra te faire tomber dans le péché sexuel et dans la ruine, afin que ses desseins soient accomplis. Ainsi, ceux qui ont des ministères qui détruisent réellement le royaume du diable doivent être spécialement en alerte. La Bible dit :

« Soyez sobres, veillez. Votre adversaire, le diable, rôde comme un lion rugissant, cherchant qui il dévorera. Résistez-lui avec une foi ferme » (1 Pierre 5 : 8-9).

SE CONNAÎTRE SOI-MÊME – 2

Chaque croyant devrait savoir qu'il a deux natures, ou plus exactement, qu'il y a en lui deux natures. Il y a la vieille nature qu'on peut appeler la chair et il y a la nouvelle nature qui est l'esprit.

Avant la conversion, un homme est uniformément un. Il est de la chair.

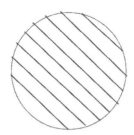

L'homme naturel est naturellement charnel

Les œuvres de la chair sont manifestes, ce sont la fornication, l'impureté, la dissolution, l'idolâtrie, la sorcellerie, l'inimitié, la lutte, la jalousie, la colère, l'égoïsme, la dissension, l'esprit de parti, l'envie, l'ivrognerie, les excès de table et les choses semblables. L'ancienne nature (la chair) produira ces choses comme style de vie. La chair pourrait quelquefois faire de bonnes œuvres, mais les bonnes œuvres de la chair demeurent des œuvres de la chair et ne sont pas acceptables devant Dieu.

À la conversion, le croyant reçoit l'Esprit de Dieu et a alors une nouvelle nature.

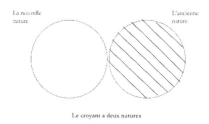

Le croyant a deux natures

Chaque croyant a ces deux natures du moment où il est né de nouveau jusqu'au moment où il va être avec Jésus-Christ. Le croyant le plus charnel a les deux natures et le croyant qui a atteint le plus haut niveau de sanctification pratique a encore les deux natures. La différence entre l'ancienne nature chez le croyant et l'ancienne nature chez le non-croyant est que l'ancienne nature chez le croyant a été affaiblie de son autorité parce qu'elle a été crucifiée avec Christ, et parce qu'elle a été assujettie par la nouvelle nature.

Il y a toujours un conflit entre les deux natures dans le croyant. La Bible dit :

« Car la chair a des désirs contraires à ceux de l'Esprit, et l'Esprit en a de contraires à ceux de la chair ; ils sont opposés entre eux, afin que vous ne fassiez point ce que vous voudriez » (Galates 5 : 17).

La chair s'oppose à l'Esprit pour empêcher à l'Esprit de faire ce qu'Il veut, et l'Esprit s'oppose à la chair afin que la chair ne fasse pas ce qu'elle veut. L'Esprit exigera la pureté en pensée alors que la chair exigera une pensée impure, et il y aura la guerre. Il reste alors au croyant le soin de décider de ce qui se passera. Est-ce le désir de l'Esprit qui sera accompli ou le désir de la chair ? Les deux sont possibles. Le croyant a la pensée de Christ. Il sait quelle sera la conséquence de céder à l'un ou à l'autre. Il doit maintenant utiliser sa volonté et vouloir que l'Esprit l'emporte sur la chair. Il utilisera sa volonté pour commander à l'Esprit de gagner. Pendant qu'il décide que l'Esprit gagne, la chair sera affaiblie et se soumettra, et la pensée impure cédera à la pensée pure, alors aucun péché n'aura été commis. Si d'autre part, il décide que la pensée impure ait lieu, l'Esprit cédera et la chair l'emportera.

Parce que ces deux natures sont toujours présentes, le même croyant est capable d'adorer Dieu en Esprit et en vérité et peu après, de commettre un péché terrible.

L'OBÉISSANCE CONDUIT A L'AUTORITÉ

Celui qui résiste à la tentation aujourd'hui, demain et après-demain, est susceptible de résister à la même tentation la quatrième, la cinquième et la sixième fois. Chaque victoire l'aide à gagner la prochaine. En disant « non » à la chair de façon répétée, la chair apprend à céder au signal « non ». En disant « oui », « oui », « oui » à l'Esprit, l'Esprit est fortifié pour dominer.

Ainsi donc, le chemin vers la sanctification c'est de vaincre une tentation, ensuite la suivante, et la suivante, et la suivante. Ceci rendra le chemin de la victoire normal et le chemin de la compromission très étrange et très anormal, de manière qu'il sera facile d'éviter la compromission devant chaque nouvelle situation pour choisir le chemin de la victoire qui a déjà été établi.

LA VICTOIRE DE DEMAIN DÉPEND DE CELLE D'AUJOURD'HUI

Si tu veux être délivré du péché d'adultère demain, tu dois t'assurer que tu en es délivré aujourd'hui. Si tu gagnes aujourd'hui, tu es susceptible de gagner demain. Ainsi, à n'importe quel prix, gagne aujourd'hui. Que Dieu te bénisse !

22
LA CRAINTE DE L'ETERNEL

La crainte du Seigneur est la seule chose qui préservera un croyant de l'adultère et de la fornication. Certains pourraient ne pas commettre l'adultère parce qu'ils craignent les conséquences qui incluent la mort physique par un mari ou une femme vexé et jaloux ; des maladies vénériennes incurables telles que le SIDA, des maladies vénériennes destructives telles que la syphilis et le reste, des foyers brisés, des carrières ruinées, des bébés indésirables et tous les problèmes inutiles qui surviennent à l'homme à cause du péché d'immoralité. Ceux qui craignent l'adultère et la fornication pour ces raisons peuvent commettre l'adultère et la fornication s'ils peuvent éviter ces conséquences. Ils peuvent même choisir de commettre ces péchés par la lecture, les écrits, les rêves et les pensées. Une telle crainte n'en est pas une, car c'est la crainte de l'homme et la crainte des conséquences terrestres. Une telle crainte ne produit pas des gens selon le cœur de Dieu. Cette crainte est le lot des non-sauvés.

Il y en a qui ne commettront pas l'adultère parce qu'ils ont peur d'être jetés dans l'habitation éternelle de tous les adultères et fornicateurs : l'étang de feu. D'autres pourraient ne pas commettre l'adultère parce qu'ils ne veulent pas ruiner leurs ministères ou leur réputation. Ce sont là des raisons secondaires. Ce sont des raisons qui motivent les croyants charnels à ne pas commettre ces péchés.

La raison pour laquelle les croyants spirituels ne commettent pas l'adultère est la crainte qui émane de l'amour. C'est la crainte de l'Éternel qui émane de l'amour pour Lui, et non la crainte de ce qu'Il ferait comme punition. C'est la crainte de ceux qui, ayant goûté à l'amour du Seigneur qui est mort pour les sauver, ne peuvent pas répudier cet amour en Le clouant à nouveau sur la croix à travers un acte d'adultère ou de fornication, que ce soit en pensée, en parole ou en acte. De telles personnes connaissent le Seigneur et L'aiment, et ne feront rien qui puisse blesser leur Bien-aimé. Ils prouvent leur crainte du Seigneur en s'éloignant de tout mal, y inclus le mal de l'adultère et de la fornication. Ils connaissent par expérience ce dont parle la Bible lorsqu'elle dit :

« La crainte de l'Éternel, c'est la haine du mal » (Proverbes 8 : 13).

Et,

« Voici, la crainte du Seigneur, c'est la sagesse ; s'éloigner du mal c'est l'intelligence. » (Job 28 : 28).

De telles personnes savent que chaque acte d'adultère et de fornication est commis principalement contre le Seigneur. Ils savent que dans un sens, chaque acte d'adultère est commis uniquement contre le Seigneur. David dit :

« J'ai péché contre toi seul, et j'ai fait ce qui est mal à tes yeux. » (Psaume 51 : 6).

Ceux qui craignent le Seigneur, et seuls ceux qui craignent le Seigneur peuvent être réellement purs. Ils n'ont pas peur de l'homme. Ils vivent devant Dieu. Toutes leurs actions sont devant Dieu. Toutes leurs paroles sont devant Lui et toutes leurs pensées sont devant Lui. Ils ne peuvent donc pas se permettre d'avoir une pensée impure, car ce serait commettre l'immoralité devant Lui qui voit chacune de leurs pensées.

Ceux qui craignent le Seigneur savent que la pureté du cœur et la sainteté de vie sont leur partage provenant du Seigneur. Ils chérissent ces choses et ne se souillent pas pour les perdre pour quelque raison que ce soit. Job, connaissant ces choses, demanda quelle aurait été sa portion ou son héritage de la part du Tout-Puissant s'il avait regardé une femme avec convoitise (Job 31 : 1-2).

De telles personnes vivent dans la présence immédiate du Seigneur, et dans celle-ci, toutes les pensées impures et tous les désirs impurs s'évanouissent.

Joseph n'avait pas peur d'être attrapé par l'homme. Il n'avait peur d'aucune conséquence de la part de l'homme. Il avait peur de Dieu. Il connaissait Dieu et la crainte de l'Éternel était sur son cœur. Oui, la crainte de l'Éternel imprégnait toute sa vie. Il dit à la femme de Potiphar :

« Comment ferais-je un aussi grand mal et pécherais-je contre Dieu ? » (Genèse 39 : 9).

Évidemment, cela aurait été un péché contre Potiphar, contre la femme de Potiphar et contre lui-même, mais c'était d'abord et surtout un péché contre le Seigneur. En demeurant ferme en Dieu, en marchant dans la crainte de Dieu, en refusant de pécher contre Dieu, il put éviter de pécher contre toutes les autres parties. Ceux qui mettent leur relation avec le Seigneur en règle sont ainsi capables de mettre en règle toutes les autres relations.

Esdras était un homme qui connaissait la crainte de l'Éternel. Lorsqu'il apprit que la loi de l'Éternel avait été violée par certains des enfants d'Israël, la Bible dit :

« Lorsque j'entendis cela, je déchirai mes vêtements et mon manteau, je m'arrachai les cheveux de la tête et les poils de la barbe, et je m'assis désolé. Auprès de moi s'assemblèrent tous ceux que faisaient trembler les paroles du Dieu d'Israël, à cause du péché des fils de la captivité ; et moi, je restai assis et désolé, jusqu'à l'offrande du soir. Puis au moment de l'offrande du soir, je me levai du sein de mon humiliation, avec mes vêtements et mon manteau déchirés, je tombai à genoux, j'étendis les mains vers l'Éternel, mon Dieu, et je dis : Mon Dieu, je suis dans la confusion, et j'ai honte, ô mon Dieu, de lever ma face vers toi ; car nos iniquités se sont multipliées par-dessus nos têtes, et nos fautes ont atteint jusqu'aux cieux. » (Esdras 9 : 3-6).

Ceux qui craignent le Seigneur, non seulement marchent dans la pureté, mais combattent même jusqu'à verser leur sang en luttant contre le péché d'adultère et de fornication. D'autre part, ils auront le cœur brisé lorsqu'un croyant quelconque tombe dans l'immoralité sexuelle, qu'il soit de leur assemblée ou d'une autre assemblée dans une autre ville, ou quelqu'un qui, bien qu'étant croyant, n'est pas d'accord avec eux au sujet de certains aspects. Tout ce qu'ils savent c'est que le cœur de leur Seigneur a été attristé par ce péché, qu'importe qui l'a commis. De telles personnes seront intolérantes au sujet de tout acte d'adultère et de fornication parce que c'est contre leur Dieu qu'il est commis. De tels croyants parleront contre tout acte d'adultère et de fornication, prêcheront contre cela, avertiront les gens et intercéderont pour tous, afin qu'ils soient délivrés de toutes formes d'adultère et de fornication.

Ceux qui parlent à la légère de l'adultère commis par un quelconque membre de la race humaine et pire encore, un membre quelconque du corps de Christ, ne connaissant ni douleur, ni angoisse à ce sujet, connaissent très peu le Dieu de sainteté et peu de l'expérience de la réelle sanctification.

Une expérience approfondie de délivrance de l'adultère et de la fornication conduira toujours à un cri du cœur que tous soient délivrés des griffes d'un mal si hideux.

Comment quelqu'un peut-il atteindre la crainte de l'Éternel ? Comment quelqu'un peut-il parvenir à cette condition du cœur qui le fait trembler devant la Parole de Dieu ? La réponse réside dans une réelle connaissance de Dieu. Elle réside aussi dans une obéissance radicale à tous Ses commandements. Ceux qui se séparent de tout péché aujourd'hui dans leur vie recevront plus de lumière pour demain et s'ils obéissent et se séparent de tout péché qui leur sera montré demain, ils recevront plus de lumière pour le troisième jour. Pendant qu'ils grandissent dans le chemin de l'obéissance immédiate, ils grandiront dans la crainte du Seigneur et grandiront aussi dans l'éloignement de tout mal, y inclus l'adultère et la fornication dans ses formes les plus « innocentes ».

Nous pouvons illustrer cela graphiquement comme suit :

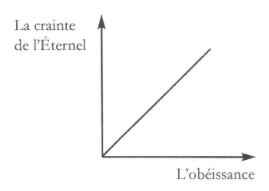

La relation entre la crainte de l'Éternel et l'obéissance

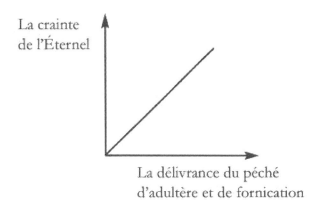

La relation entre la crainte de l'Éternel et la délivrance du péché d'adultère et de fornication

Ainsi donc, tu dois commencer là où tu es. Commence à te séparer de tout ce que tu connais comme mauvais dans ta vie ? Et commence à faire tout ce que tu connais comme bien devant le Seigneur. Tu grandiras progressivement dans la crainte du Seigneur. Tu grandiras progressivement dans l'amour du Seigneur et dans la délivrance totale du péché d'adultère et de fornication en pensée, parole et acte.

LA CRAINTE DE L'ETERNEL

Louanges au Seigneur

23
PROTÉGER SA MARCHE AVEC CHRIST

Ce n'était pas dans le plan de Dieu pour les Siens qu'ils commencent à marcher dans la liberté de la loi du péché et de la mort, et que plus tard, ils rétrogradent et soient liés par l'adultère et la fornication. Le plan normal de Dieu était que les Siens soient libérés de la loi du péché et de la mort, ensuite, qu'ils marchent dans la liberté de la loi de l'Esprit de vie en Jésus-Christ.

L'intention du Seigneur était qu'une fois que le cœur a été purifié par la foi en Son Fils, il soit maintenu dans cette condition purifiée. Le problème est que plusieurs croyants, après la conversion, menèrent leur vie comme s'il n'y avait pas de diable. Ils ne furent pas vigilants. Ayant donc manqué de vigilance, le malin vint, planta sa mauvaise graine et la bataille fut alors perdue. Nous allons brièvement voir ce qu'un croyant devrait faire après sa conversion ou après qu'il a été délivré de l'adultère et de la fornication pour s'assurer qu'il marche normalement avec le Seigneur.

La première chose est que le croyant doit protéger sa pensée. Le malin commence souvent ses attaques en injectant une mauvaise pensée. Nous pouvons voir ceci dans le jardin d'Éden. Il s'approcha et demanda :

> « *Dieu a-t-il réellement dit : vous ne mangerez pas de tous les arbres du jardin ?* » *(Genèse 3 : 1).*

Le diable introduisit des questions et des pensées qui s'opposaient au Seigneur. Il faut que le croyant protège sa vie de pensées. La meilleure manière de protéger la pensée c'est de la remplir de ce que Dieu veut. Quand la pensée est ainsi remplie, elle débordera. Il est impossible de mettre quelque chose dans un verre plein d'eau qui déborde et qui continue à déborder. L'apôtre Paul exhorte :

> « *Au reste, frères, que tout ce qui est vrai, tout ce qui est honorable, tout ce qui est juste, tout ce qui est pur, tout ce qui est aimable, tout ce qui mérite l'approbation, ce qui est vertueux et digne de louange, soit l'objet de vos pensées.* » *(Philippiens 4 : 8).*

Il faut que la pensée soit remplie de ce qui :

- est vrai
- est honorable,
- est juste,
- est pur,
- est aimable,
- mérite l'approbation,
- est vertueux,
- est digne de louange.

Une fois que ceci est fait, il n'y aura pas de place pour ce qui es faux, déshonorable, injuste et impur.

L'apôtre insiste : « Affectionnez-vous aux choses d'en haut. » (Colossiens 3 : 2). La pensée est directionnelle. Les gens suivent les pensées de leurs têtes. Ce qu'on permet de s'établir et de se développer dans la pensée deviendra bientôt la réalité. Les pensées deviennent des actes. Les pensées impures deviendront bientôt des désirs impurs, et les désirs impurs seront transformés en actes impurs.

Pensées ⟶ Désirs ⟶ Actes

Ce à quoi un homme se permet de penser deviendra bientôt ce qu'il fait. La personne qui a des pensées pures fera des choses pures. La personne qui a des pensées impures, des pensées d'adultère et de fornication commettra bientôt l'acte dans son cœur et plus tard dans son corps. L'avertissement de Proverbes est :

> « Ne la convoite pas dans ton cœur pour sa beauté. » (Proverbes 6 : 25).

Il devient évident qu'il faut qu'un homme dise à sa pensée ce à quoi elle doit penser. Il faut qu'il ferme sa pensée à certaines choses et l'ouvre à d'autres. Si les gens racontent des histoires impures autour d'une personne qui veut pratiquer l'impureté, elle s'approchera et « boira » de ce qui est en train d'être raconté. En remplissant son cœur de ces histoires, elles créent un désir qui pourrait conduire la personne à l'action. Si d'autre part, la personne ne veut pas d'impureté, elle s'éloignera ou commandera aux gens d'arrêter de « polluer l'air ». Elle a décidé de ce que sa pensée doit enregistrer et ainsi donc, récoltera selon ce qu'elle a semé.

Il y aura des moments où soudainement l'ennemi injectera des pensées impures dans l'intelligence d'une personne. La personne qui veut l'impureté les accueillera, y pensera davantage et les développera jusqu'à ce qu'elles l'enflamment. Celui qui veut la pureté dira : « Cette pensée est du diable. Je la rejette au nom de Jésus et je m'en sépare dans l'immédiat ». Ce rejet et cette séparation confessés deviennent effectifs.

Une autre chose au sujet de la protection de la pensée est que le croyant qui veut marcher dans la pureté doit placer quotidiennement sa pensée sous le contrôle du sang de l'Agneau. Il doit prier en début de journée et peut-être à d'autres heures de la journée et dire à haute voix : « Ma pensée ne m'appartient pas, car j'ai été acheté à grand prix. Ma pensée appartient à Celui qui m'a acheté, Jésus-Christ. Il faut que j'aie Ses pensées. Ainsi donc, je place ma pensée sous le sang de Jésus et je commande que les traits enflammés du diable ne l'atteignent pas ». Dieu prend une telle prière et un tel commandement au sérieux et exauce en protégeant la pensée de l'attaque de l'ennemi.

La pensée du croyant a maintenant été protégée et remplie. L'ennemi est tenu en échec et il faut qu'il y ait la victoire.

SA PAROLE DANS LE CŒUR

Nous avons montré dans la section précédente que les pensées d'un homme deviendront réalité. Pour être sûr que la réalité plaise à Dieu, nous avons dit qu'il faut que la personne demeure dans des pensées vraies, honorables, justes, et ainsi de suite. On peut donc se poser la question, de savoir d'où viendront ces pensées vraies, honorables, justes et pures. Elles doivent provenir de quelque part afin de pénétrer dans la pensée de la personne concernée.

Les pensées les plus vraies, honorables, pures et aimables, se trouvent dans la Parole de Dieu, la Bible. Le Psalmiste confessa :

« Je serre ta parole dans mon cœur, afin de ne pas pécher contre toi » (Psaumes 119 : 11).

Il confessa encore :

« Je veux faire ta volonté, mon Dieu ! Et ta loi est au fond de mon cœur » (Psaumes 40 : 8).

Ceux qui cachent la Parole de Dieu dans leurs cœurs constateront que celle-ci baigne leurs pensées et déborde en pensées qui mèneront à l'action.

Il y a deux choses qu'il faut dire ici. Premièrement, il n'y a pas de substitut à une lecture régulière, (jour après jour) de la Bible et à sa méditation. Plus on la lit et lui obéit, plus il y aura un dépôt de vérité qui préservera le cœur de l'impureté. Il y a aussi la mémorisation de l'Écriture. La Parole du Seigneur, c'est la Bible. Ceux qui doivent lire la Bible chaque fois qu'ils sont attaqués se rendront compte qu'il y a des moments où cela ne marche pas. Ceux qui vaincront doivent avoir la Parole de Dieu déjà dans leurs cœurs avant l'attaque. Il pourrait être nécessaire de dire à l'ennemi : « Il est écrit. ». Pour le dire, il faut que la personne ait lu, compris et mémorisé les paroles de la Bible. Jésus mémorisait l'Écriture et l'utilisait contre le diable. Nous aussi devons faire comme Lui.

La seconde chose que nous voulons dire est que la personne qui s'est engagée à demeurer pure doit se soumettre à un ministère profond d'enseignement de la Bible sur une base régulière, de préférence chaque semaine. Elle doit aussi lire de bons livres chrétiens. Toutes ces choses l'aideront à comprendre la Parole de Dieu, à savoir comment l'utiliser, et à l'utiliser effectivement dans le combat spirituel.

La personne protégera ainsi sa marche avec le Seigneur. Elle s'éloignera de tout ce qui peut contaminer sa pensée et s'adonnera à tout ce qui peut la remplir, la protéger et la faire couler en sainteté. La personne qui continue sur ce chemin verra le Christ de la sainteté se former progressivement en elle pour l'exclusion des pensées, des paroles et des actions impures. C'est un croyant normal qui n'a pas besoin d'une opération radicale pour être sauvé de l'adultère ou de la fornication. C'est là le chemin sur lequel tous les croyants devraient marcher.

Tous ceux qui aident les jeunes croyants à grandir doivent les aider selon ces points. Ceux qui aident ceux qui ont été délivrés de l'adultère et de la fornication doivent aussi les aider selon ces points, afin qu'ils se développent et deviennent des croyants normaux. Es-tu un jeune croyant ou es-tu quelqu'un qui a été récemment délivré de l'adultère et de la fornication ? Si tu es l'un ou l'autre, suis le chemin qui a été décrit ci-dessus, et que le Seigneur te bénisse. Amen.

24
L'EXEMPLE DE JOSEPH

« On fit descendre Joseph en Égypte ; et Potiphar, officier de Pharaon, chef des gardes, Égyptien, l'acheta des Ismaélites qui l'y avaient fait descendre. L'Éternel fut avec lui, et la prospérité l'accompagna ; il habitait dans la maison de son maître, l'Égyptien. Son maître vit que l'Éternel était avec lui, et que l'Éternel faisait prospérer entre ses mains tout ce qu'il entreprenait. Joseph trouva grâce aux yeux de son maître, qui l'employa à son service, l'établit sur sa maison, et lui confia tout ce qu'il possédait. Dès que Potiphar l'eut établi sur sa maison et sur tout ce qu'il possédait, l'Éternel bénit la maison de l'Égyptien, à cause de Joseph ; et la bénédiction de l'Éternel fut sur tout ce qui lui appartenait, soit à la maison, soit aux champs. Il abandonna aux mains de Joseph tout ce qui lui appartenait, et il n'avait avec lui d'autre soin que celui de prendre sa nourriture.

Or, Joseph était beau de taille et de figure. Après ces choses, il arriva que la femme de son maître portât les yeux sur Joseph, et dit : Couche avec moi ! Il refusa, et dit à la femme de son maître : Voici, mon maître ne prend avec moi connaissance de rien dans la *maison, et il a remis entre mes mains tout ce qui lui appartient. Il n'est pas plus grand que moi dans cette maison, et il ne m'a rien interdit, excepté toi, parce que tu es sa femme. Comment ferais-je un aussi grand mal et pécherais-je contre Dieu ? Quoiqu'elle parlât tous les jours à Joseph, il refusa de coucher auprès d'elle, d'être avec elle. Un jour qu'il était entré dans la maison pour faire son ouvrage, et qu'il n'y avait là aucun des gens de la maison, elle le saisit par son vêtement, en disant : Couche avec moi ! Il lui laissa son vêtement dans la main, et s'enfuit au dehors. Lorsqu'elle vit qu'il lui avait laissé son vêtement dans la main, et qu'il s'était enfui dehors, elle appela les gens de sa maison, et leur dit : voyez, il nous a amené un Hébreu pour se jouer de nous. Cet homme est venu vers moi pour coucher avec moi ; mais j'ai crié à haute voix. Et quand il a entendu que j'élevais la voix et que je criais, il a laissé son vêtement à côté de moi et s'est enfui dehors. Et elle posa le vêtement de Joseph à côté d'elle, jusqu'à ce que son maître rentrât à la maison. Alors elle lui parla ainsi : L'esclave hébreu que tu as amené est venu vers moi pour se jouer de moi. Et comme j'ai élevé la voix et que j'ai crié, il a laissé son vêtement à côté de moi et s'est enfui dehors.*

Après avoir entendu les paroles de sa femme qui lui disait : Voilà ce que m'a fait ton esclave ! Le maître de Joseph fut enflammé de colère. Il prit Joseph, et le mit dans la prison, dans le lieu où les prisonniers du roi étaient enfermés, il fut là, en prison » (Genèse 39 : 1-20).

LES RAISONS QUI AURAIENT PU ENCOURAGER JOSEPH A PÉCHER

Il y a un certain nombre de raisons qui auraient pu servir comme encouragement pour Joseph s'il avait décidé de suivre le chemin du péché et de la ruine. Voici certaines de ces raisons :

1. Il était loin de chez lui et sa conduite ne pouvait pas blesser son père.
2. Il était solitaire et cette femme offrait de la bonne compagnie.
3. Il avait été très injustement traité par ses frères de telle manière qu'il aurait pu facilement utiliser cela pour abandonner le chemin de l'intégrité.
4. Il était beau à voir et aurait pu décider d'utiliser sa beauté physique pour le plaisir éphémère.
5. C'était la femme qui courait après lui, ce n'était pas lui qui courait après elle. Il aurait pu se dire : « Eh bien, ce n'est pas ma faute. C'est elle qui le veut ».
6. Il n'était pas marié et aurait donc pu se dire : « Je vis dans l'abstinence. Voici une bonne opportunité que je peux utiliser ».
7. Il n'y avait pas de conséquences à craindre de la part de l'homme. Si la femme devenait enceinte, il n'y aurait pas de preuve que le mari n'était pas le père de l'enfant. De toute façon, en tant que serviteur, il était la dernière personne à être suspectée pour un tel acte.
8. La situation était sous contrôle. Il n'y avait personne à côté. Personne ne pouvait les attraper en flagrant délit.
9. Le péché avait la potentialité de le promouvoir. Il était déjà le favori de son maître et s'il cédait et devenait le favori de la maîtresse de la maison, qu'est-ce qui pouvait lui manquer ? Elle allait promouvoir sa cause, et comme le maître était déjà en train de l'élever, tout serait établi pour le meilleur de façon permanente.
10. La femme était persistante. Elle parla à Joseph jour après jour. Ce n'était pas une tentation

intermittente. Ce n'était pas une tentation occasionnelle. C'était l'activité d'une séductrice qui semblait vivre pour l'unique but qu'il couche avec elle. Il aurait pu se lasser de lui résister et céder.
11. Il savait quelle pouvait être la conséquence de ne pas céder. Il savait qu'une femme qui s'aventure comme elle l'avait fait, a le choix entre réussir et détruire celui qui l'a fait échouer. Il savait qu'elle était une femme déterminée, et qu'au cas où il ne cédait pas, elle serait autant déterminée à se débarrasser de lui qu'elle l'était pour le posséder.

QUE FIT JOSEPH POUR NE PAS ÉCHOUER ?

Le fait que Joseph n'avait pas cédé n'arriva pas par accident. La plupart des hommes auraient échoué sous une épreuve aussi dure. Joseph avait pris du recul et fait certaines choses qui l'aidèrent à ne pas céder. Voici, certaines des choses qu'il fit :

1. Il était consciencieux, Satan donne souvent du travail aux mains oisives. S'il avait été oisif, son oisiveté l'aurait conduit au péché.
2. Il refusa d'apprécier son apparence. Il ne fit pas de remarques sur son apparence physique.
3. Il refusa de s'intéresser à elle.
4. Il refusa de passer du temps avec elle. Il ne se dit pas : « Je ne vais pas lui céder, mais je veux lui montrer que je suis touché par son amour pour moi. Je serai aimable envers elle. Je vais essayer de l'aimer en retour, mais en faire une relation pure. Je ne vais pas faire qu'elle se sente terrible ». S'il avait décidé de

comprendre un peu, il aurait fini par tout comprendre et lui aurait cédé.
5. Il lui parla clairement et expliqua pourquoi il ne pouvait pas faire ce qu'elle voulait. Il n'avait pas juste gardé silence. Le diable trompe souvent plusieurs personnes en leur faisant penser qu'elles ne doivent pas parler, mais qu'elles doivent juste être indifférentes. Quand une personne ne parle pas au moment où elle le devrait, son silence est un indicatif du compromis. C'est le premier pas vers la soumission, car le silence est un genre de consentement.
6. Il lui parla de sa responsabilité, de son mari, d'elle comme étant sa femme, du fait qu'il n'avait pas accès à elle. Il en appela à sa conscience.
7. Il lui fit savoir que ce serait un grand mal et un péché contre Dieu. Il ne dit pas que Dieu ne serait pas content. Il lui dit clairement que ce serait un grand mal et un péché contre Dieu. Les gens donnent souvent des noms attrayants au péché afin de calmer leur conscience et de se livrer au péché. Joseph n'était pas prêt à de tels jeux.
8. Joseph s'enfuit au dehors, lui laissant son vêtement. Il était confronté à deux choses : lui céder ou causer un scandale et en souffrir. Il choisit d'être vrai, de causer un scandale et de souffrir pour cela. Il ne dit pas : « Si je ne cède pas, elle en fera un scandale et le nom de Dieu sera souillé ». Il savait qu'en fait le nom de Dieu est souillé, non par ce que disent les gens, mais par la vérité. Il savait que même si les gens parlaient mal de Dieu et reniaient Dieu temporairement parce qu'Il était mal représenté, Dieu vengerait éventuellement

son nom. Il pensait aux effets à long terme et non à ceux à court terme. As-tu jamais péché pour « protéger » le nom de Dieu et l'œuvre de Dieu ? Tu as fait un grand mal. Quand un jour tu verras les choses du point de vue de l'éternité, tu verras que ce que tu as fait a causé un grand dommage aux intérêts de Dieu. Le Seigneur, Sa cause et Ses intérêts ne peuvent jamais être avancés par une distorsion quelconque des faits. Le Seigneur ne peut jamais être élevé par le compromis ou quelque chose de ce genre. La seule manière par laquelle l'homme peut promouvoir la cause de l'Évangile est en étant vrai au Seigneur et à Sa Parole. Toute autre chose est du mal et sera prouvée comme tel au jour du jugement. La justice ne peut pas découler du péché. Que Dieu soit vrai et tout homme menteur. Joseph misa toutes choses sur le fait qu'il ne voulait pas commettre de péché ni de grand mal contre Dieu. Nous devons aussi faire comme lui.

POURQUOI JOSEPH AVAIT-IL RÉUSSI ?

Le secret du succès de Joseph comporte deux volets. Premièrement, il crut Dieu. Il avait reçu la vision du fait qu'il deviendrait grand. Cette grandeur n'allait pas être le fruit de ses manipulations, mais l'œuvre de Dieu. Il savait donc que, quelles que fussent les circonstances apparentes, la main de Dieu était en train d'élaborer Son plan et tout irait bien. Par conséquent, il s'accrocha à la justice et prit le risque d'irriter la maîtresse de maison au plus haut point.

Deuxièmement, Joseph connaissait et craignait Dieu. Son Dieu était toujours là et toujours proche. Il avait vu que toute chose qu'il faisait était pour ou contre Dieu. Il ne pouvait pas se permettre d'offenser Dieu, ainsi, il fit juste la chose correcte. Il choisit la justice à tout prix. Louange au Seigneur. Ô puisse le Seigneur susciter plusieurs autres personnes comme Joseph dans Son corps en ces jours tragiques de décadence morale.

QUE SE SERAIT-IL PASSÉ SI JOSEPH AVAIT CÉDÉ À LA TENTATION ?

Comme nous le savons, Joseph alla de la maison de Potiphar à la prison, et de la prison au règne sur l'Égypte. S'il avait cédé à la femme de Potiphar, il aurait stabilisé sa place d'esclave dans la maison de Potiphar. Il aurait été un esclave honorable. Il aurait même été possible qu'après un certain temps, la femme de Potiphar préférât quelqu'un d'autre, et il aurait perdu sa place dans sa vie et peut-être dans la maison.

Son péché l'aurait amené à ne jamais s'élever au-delà de la condition d'esclave. Il aurait été épargné de l'emprisonnement. Personne n'aurait interprété les rêves de l'échanson et du panetier. Personne n'aurait interprété les rêves du Pharaon. Il n'y aurait pas eu de stockage de nourriture. L'Égypte aurait péri pendant les années de famine. Le père et les frères de Joseph auraient péri au cours de la famine. Joseph n'aurait jamais revu son père et ses frères. Joseph lui-même aurait péri dans la famine. Les puissantes révélations que Dieu lui avait données auraient été réduites à zéro.

Quand Joseph refusa de céder à la femme de Potiphar, il ne savait pas que de si grandes choses dépendaient de son refus de céder. Ce n'est que des années plus tard qu'il put voir.

Toi aussi, tu pourrais avoir beaucoup de choses en jeu. Vas-tu dire « non » à cette tentation et bâtir le futur, ou bien vas-tu y céder et détruire ce futur ? As-tu jamais considéré le fait que le futur de :

- un,
- cent,
- mille,
- un million,
- un milliard

pourrait dépendre de ton attitude aux tentations sexuelles que tu es en train d'avoir maintenant, et que tu auras dans le futur ? Je t'en supplie, ne sacrifie pas tant pour si peu. Sois un autre Joseph, et que le Seigneur te bénisse comme Il l'a béni. Amen.

25
MAINTENIR LA DÉLIVRANCE DU PÉCHÉ D'ADULTÈRE ET DE FORNICATION

Il est possible qu'on soit délivré du péché d'adultère et de fornication, qu'on marche dans la libération pour quelque temps et qu'on retourne aux anciennes chaînes de ces péchés.

La question se pose alors : « Que doit faire une personne pour s'assurer qu'elle continue à jouir de la libération du péché d'adultère et de fornication ? » La réponse est simple. Celui qui est délivré doit être rempli du Saint-Esprit, et il doit marcher dans la vie remplie de l'Esprit jour après jour, heure après heure et minute après minute. Marchant ainsi dans la vie remplie de l'Esprit, il n'y aura pas de place pour une pensée, une parole ou un acte adultère.

La Bible dit :

> « *Ne vous enivrez pas de vin ; c'est de la débauche. Soyez, au contraire, remplis de l'Esprit ; entretenez-vous par des psaumes, par des hymnes, et par des cantiques spirituels, chantant et célébrant de tout votre cœur les louanges du Seigneur ; rendez continuellement*

grâces à Dieu le Père pour toutes choses, au nom de notre Seigneur Jésus-Christ. » (Éphésiens 5 : 18).

Ainsi donc, sois rempli du Saint-Esprit et que ce remplissage déborde en psaumes, hymnes, cantiques et chants de louange et d'actions de grâce au Père, au nom du Seigneur Jésus.

Pendant que tu es continuellement en train d'être rempli du Saint-Esprit et que tu es en train de couler en louange et en actions de grâce incessantes au Père, il n'y aura pas de place pour une quelconque pensée, parole ou action qui ne soit approuvée de Dieu.

Louange au Seigneur.

Tous ceux qui marchent d'une telle manière connaîtront une incessante pureté du cœur et une pureté de vie.

Va et marche de cette manière.

26
L'ATTITUDE DU CHRÉTIEN ENVERS UN CROYANT QUI A COMMIS L'ADULTÈRE OU FORNICATION

Le péché d'adultère commis en pensée est laissé aux soins de l'individu et du Seigneur. La personne doit se repentir, chercher le pardon, la purification et la restauration. Il n'est pas nécessaire de confesser à un autre croyant, puisque c'est Dieu seul qui a vu cela. Mais, un croyant qui est lié et ne peut pas se libérer lui-même doit chercher à recevoir ministère d'une autorité spirituelle compétente.

Le croyant qui commet l'adultère ou la fornication en acte est une personne des plus dangereuses. Si rien n'est fait à son sujet, ce mal terrible pourrait s'implanter dans l'Église, et plusieurs autres en seraient contaminés. Le péché d'adultère et de fornication a le pouvoir de détruire le peuple de Dieu plus qu'aucun autre péché ne le ferait. L'apôtre Paul avertit :

> « *Ne savez-vous pas que vos corps sont des membres de Christ ? Prendrai-je donc les membres de Christ pour en faire les membres d'une prostituée ? Loin de là ! Ne savez-vous pas que celui qui s'at-*

tache à la prostituée est un seul corps avec elle ? Car, est-il dit, les deux deviendront une seule chair. Mais celui qui s'attache au Seigneur est avec lui un seul esprit. Fuyez l'impudicité. Quelque autre péché qu'un homme commette, ce péché est hors de son corps ; mais celui qui se livre à l'impudicité pèche contre son propre corps. » (1 Corinthiens 6 : 15-18).

Il y a aussi la possibilité que celui qui commet l'impudicité la première fois la commette encore et encore. Pour cette raison, il faut qu'on prenne soin de l'impudique. Comment doit-on gérer le problème ?

1) LA TRISTESSE

La première réaction du Corps de Christ au fait qu'un des membres de l'Église est tombé dans l'immoralité doit être la tristesse. Christ a été recrucifié ! Le diable a été exalté ! L'Église a été rendue impure. Toi, en tant que membre, tu as été rendu impur, car l'impureté d'un membre, dans un sens, signifie que tout le corps est devenu impur, car un peu de levain fait lever toute la pâte. Tu dois aussi être plein de tristesse parce que cette immoralité pourrait signifier qu'une personne, dix, cent, mille, ou un million de personnes peuvent périr. Oui, l'immoralité d'un homme pourrait bloquer la porte à une personne, une famille, un village, une ville ou peut-être une nation !

2) LA DISCIPLINE

Celui qui a commis l'immoralité doit être discipliné. Il doit être excommunié. L'apôtre Paul enseigne à ce sujet en ces termes :

L'ATTITUDE DU CHRÉTIEN ENVERS UN CROYANT QUI A COMMIS L'ADULTÈRE OU FORNICATION

« Que celui qui a commis cet acte soit ôté du milieu de vous ! Pour moi, absent de corps, mais présent d'esprit, j'ai déjà jugé, comme si j'étais présent, celui qui a commis un tel acte. Au nom du Seigneur Jésus, vous et mon esprit étant assemblés avec la puissance de notre Seigneur Jésus, qu'un tel homme soit livré à Satan pour la destruction de la chair, afin que l'esprit soit sauvé au jour du Seigneur Jésus. » (1 Corinthiens 5 : 2-5).

La personne doit être exclue de toute forme de communion chrétienne et non pas juste de la rupture du pain. Qu'on n'ait aucune forme quelconque de relation avec elle.

« Maintenant, ce que je vous ai écrit, c'est de ne pas avoir des relations avec quelqu'un qui, se nommant frère, est impudique, ou cupide, ou idolâtre, ou outrageux, ou ivrogne, ou ravisseur, de ne pas même manger avec un tel homme. Qu'ai-je, en effet, à juger ceux du dehors ? N'est-ce pas ceux du dedans que vous avez à juger ? Pour ceux du dehors, Dieu les juge. Ôtez le méchant du milieu de vous. » (1 Corinthiens 5 : 11-13).

Il y a des gens qui verseront d'abondantes larmes après qu'on les aura exclus. Cela ne doit pas être pris pour la repentance. De telles larmes peuvent être des larmes de repentance. Elles peuvent aussi être des larmes de rébellion ou d'amour-propre. Les pleurs n'exemptent personne d'être excommunié.

Pendant que la personne est exclue

L'Église doit intercéder avec ferveur devant Dieu pour la personne impudique qui a été renvoyée, afin que le Seigneur fasse les choses suivantes :

- Qu'Il ouvre ses yeux pour voir son péché tel que Dieu le voit.

- Qu'Il lui donne un esprit de repentance.
- Qu'Il le rende capable d'exercer l'esprit de repentance.
- Qu'Il lui permette d'être à nouveau accepté par le Seigneur et d'être restauré.
- Qu'Il lui permette d'accomplir la restitution nécessaire.
- Qu'il lui permette d'accepter le pardon de Dieu quand il lui sera accordé.
- Qu'Il lui permette d'accepter le pardon de l'Église lorsqu'il lui sera donné.
- Qu'Il lui permette de se pardonner lui-même après qu'il aura été pardonné par le Seigneur et par l'Église.
- Qu'Il permette que les membres de sa famille (épouse, époux, enfants, parents), lui pardonnent et le restaurent.
- Qu'Il empêche à Satan de lui faire un mal quelconque que le seigneur n'a pas permis durant le temps de son exclusion ou après qu'il aura été restauré.

Une personne mûre dans l'Église doit être envoyée pour garder contact avec lui, et savoir comment il progresse. Cette connaissance guidera l'Église à prier en conséquence. Elle permettra aussi à l'Église de savoir quand il doit être restauré.

3) LA RESTAURATION

L'apôtre Paul a donné l'ordre que la personne qui a péché et a été exclue soit restaurée. Il dit :

L'ATTITUDE DU CHRÉTIEN ENVERS UN CROYANT QUI A COMMIS L'ADULTÈRE OU FORNICATION

> *« Il suffit pour cet homme du châtiment qui lui a été infligé par le plus grand nombre, en sorte que vous devez bien plutôt lui pardonner et le consoler, de peur qu'il ne soit accablé par une tristesse excessive. Je vous exhorte donc à faire acte de charité envers lui ; car je vous ai écrit aussi dans le but de connaître, en vous mettant à l'épreuve, si vous êtes obéissants en toutes choses. Or, à qui vous pardonnez, je pardonne aussi ; et ce que j'ai pardonné, si j'ai pardonné quelque chose, c'est à cause de vous, en présence de Christ, afin de ne pas laisser à Satan l'avantage sur nous, car nous n'ignorons pas ses desseins »* (2 Corinthiens 2 : 6-11).

Le temps que cela prendra avant qu'il ne soit restauré dépendra de la vitesse à laquelle l'œuvre de la grâce agit en lui. Myriam fut hors du camp pendant une semaine ; David fut restauré dès le moment où il se repentit. La longtemps du temps ne peut pas être prédéterminée. La maturation de l'œuvre de la grâce à produire la vraie repentance indiquera le temps pour la restauration.

Ceux qui sont amers, qui murmurent contre les évêques de l'église, qui pointent les fautes des autres ou qui quittent l'assemblée pour devenir membres d'une dénomination, ou pour créer leur propre système religieux, ne se sont jamais repentis. Ils demeurent dans les liens de leur immoralité, même si cinquante années se sont écoulées. Il n'y a pas de substitut à l'acceptation de la discipline et à l'attente de la restauration. Ceux qui sont orgueilleux ne peuvent supporter cela !

Le Psaume de repentance de David :

> *David écrivit ce psaume de repentance ; il est riche de signification. Lis-le dans un esprit de prière et puisse le seigneur parler à ton cœur.*

« ô Dieu ! Aie pitié de moi dans ta bonté ; selon ta grande miséricorde, efface mes transgressions ; Lave-moi complètement de mon iniquité, et purifie-moi de mon péché. Car je reconnais mes transgressions, et mon péché est constamment devant moi. J'ai péché contre toi seul, et j'ai fait ce qui est mal à tes yeux, en sorte que tu seras juste dans ta sentence, sans reproche dans ton jugement. Voici, je suis né dans l'iniquité, et ma mère m'a conçu dans le péché. Mais tu veux que la vérité soit au fond du cœur ; fais donc pénétrer la sagesse au-dedans de moi ! Purifie-moi avec l'hysope, et je serai pur ; Lave-moi, et je serai plus blanc que la neige, annonce-moi l'allégresse et la joie, et les os que tu as brisés se réjouiront. Détourne ton regard de mes péchés, efface toutes mes iniquités.

Ô Dieu ! Crée en moi un cœur pur, renouvelle en moi un esprit bien disposé. Ne me rejette pas loin de ta face, ne me retire pas ton Esprit Saint. Rends-moi la joie de ton salut, et qu'un esprit de bonne volonté me soutienne !

J'enseignerai tes voies à ceux qui les transgressent, et les pécheurs reviendront à toi. Ô Dieu, Dieu de mon salut ! Délivre-moi du sang versé, et ma langue célébrera ta miséricorde. Seigneur ! Ouvre mes lèvres, et ma langue publiera ta louange.

Si tu eusses voulu des sacrifices, je t'en aurais offert ; mais tu ne prends point plaisir aux holocaustes, Les sacrifices qui sont agréables à Dieu, c'est un esprit brisé : ô Dieu ! Tu ne dédaignes pas un cœur brisé et contrit.

Répands par ta grâce tes bienfaits sur Sion, bâtis les murs de Jérusalem ! Alors tu agréeras des sacrifices de justice, des holocaustes et des victimes tout entières ; alors on offrira des taureaux sur ton autel. » *(Psaumes 51 : 2-21)*.

David connaissait son péché. Il dit :

- mes transgressions (verset 2),
- mon iniquité (verset 3),
- mon péché (verset 3),
- mes transgressions (verset 4),
- mon péché (verset 4),
- j'ai péché (verset 5).

Il voulait que Dieu agisse. Il était désespéré. Il pleura :

Aie pitié de moi (verset 2)

Efface mes transgressions (verset 2)

Lave mes transgressions (verset 3)

Purifie-moi (verset 3)

Purifie-moi avec l'hysope (verset 8)

Lave-moi (verset 9)

Efface (verset 11)

Crée en moi (verset 12)

Renouvelle en moi un esprit bien disposé (verset 12)

Ne rejette pas (verset 13)

Ne me retire pas ton esprit (verset 13)

Rends-moi la joie (verset 14)

Il se repentit avec espérance. Il crut que Dieu lui pardonnerait et il planifia ce qu'il allait faire après qu'il aura été pardonné et restauré. Il dit ce qui suit :

1. J'enseignerai tes voies à ceux qui les transgressent (verset 15).

2. Ma langue célébrera ta miséricorde (verset 16)
3. Ma bouche publiera ta louange (verset 17).
4. Alors on offrira des taureaux sur ton autel (verset 21).

La profondeur de sa repentance aboutit aussi à une très profonde restauration. Il fut profondément repentant et si profondément restauré que dans sa chute et sa restauration, il était « meilleur » que ceux qui ne sont jamais tombés.

Connais-tu une telle repentance et de tels cris de cœur au seigneur pour ton propre adultère et ta propre fornication en :

- pensée,
- parole,
- ou acte ?

As-tu jamais crié au Seigneur qu'il te donne un cœur brisé et contrit ? pourquoi ne demandes-tu pas ?

Il te donnera un tel cœur et tu ne seras plus jamais le même dans ton attitude, non seulement envers chaque forme d'adultère et de fornication, mais aussi dans ton attitude envers chaque péché.

Que Dieu te bénisse excessivement ! Amen

4) APRÈS LA RESTAURATION

La personne restaurée au Seigneur, à l'Église, à elle-même et à sa famille doit également être restaurée à sa position dans l'Église. Si elle était un diacre, un évêque, ou n'importe quoi, elle doit être restaurée à cela.

L'ATTITUDE DU CHRÉTIEN ENVERS UN CROYANT QUI A COMMIS L'ADULTÈRE OU FORNICATION

David fut restauré à son trône.

Le roi Nebucadnetsar fut restauré à son trône.

Pierre fut restauré à la direction des douze.

Nous devons faire la même chose.

Amen.

EN CONCLUSION

27
LA RÉCOMPENSE SUR LA TERRE POUR LA PURETÉ SEXUELLE

Il y aura des récompenses au ciel pour la pureté sexuelle. Il y a aussi des récompenses sur terre pour la pureté sexuelle. Quelles sont certaines des récompenses sur terre pour la pureté sexuelle ? En voici certaines :

1. Ceux qui sont sexuellement purs n'ont pas le poids du péché d'adultère ou de fornication sur leur conscience. Ils sont libres.
2. Ceux qui sont sexuellement purs n'ont pas à s'inquiéter des maladies vénériennes.
3. Ceux qui sont sexuellement purs garderont intacte leur force sexuelle. Elle n'a pas été gaspillée par une vie de débauche.
4. Ceux qui sont sexuellement purs n'ont pas à s'inquiéter des enfants bâtards.
5. Ceux qui sont sexuellement purs n'ont pas à avoir honte d'un passé sexuel ou à le cacher.
6. Ceux qui sont sexuellement purs font plaisir à leurs conjoints.

7. Ceux qui sont sexuellement purs font plaisir à leurs amis.
8. Ceux qui sont sexuellement purs font plaisir à leurs parents.
9. Ceux qui sont sexuellement purs font plaisir à leurs enfants.
10. Ceux qui sont sexuellement purs sont une bénédiction pour la communauté.
11. On peut faire confiance à ceux qui sont sexuellement purs dans les affaires sexuelles.
12. Ceux qui sont sexuellement purs investissent leur argent dans des activités bénéfiques.
13. Les hommes sexuellement purs font de meilleurs époux que ceux qui sont sexuellement corrompus.
14. Les femmes sexuellement pures font de meilleures épouses que celles qui sont sexuellement corrompues.
15. Ceux qui sont sexuellement purs reçoivent de Dieu des consignes que ceux qui sont sexuellement corrompus ne reçoivent pas. Par exemple, Marie n'aurait jamais reçu l'unique privilège de devenir la mère terrestre de notre Seigneur et Sauveur si elle n'était pas vierge. De même, une fille ayant perdu sa virginité ne pouvait pas épouser un souverain sacrificateur.
16. Les enfants sexuellement purs sont considérés comme ayant une plus grande valeur que les enfant sexuellement corrompus. Les jeunes hommes préfèrent épouser des filles vierges. Salomon écrit : « Nous avons une petite sœur, qui n'a point encore de mamelles ; que ferons-nous de notre sœur, le jour où on la recherchera ? Si elle est un mur, nous bâtirons sur elle des créneaux d'argent ; si elle est une porte,

nous la fermerons avec une planche de cèdre. » (Cantique des Cantiques 8 : 8-9). La vierge (un mur), on bâtit sur elle des créneaux d'argent. La fille qui est déviergée avant le mariage (une porte) est fermée avec une planche de cèdre. C'est-à-dire du bois. Les hommes et les femmes vierges sont précieux pour Dieu et pour l'homme ; ils sont comme de l'argent. Les hommes et les femmes déviergés qui l'ont été avant le mariage sont aussi moins chers que du bois ! La pureté compte sur terre. Elle compte réellement.

17. Ceux qui sont sexuellement purs vivent plus longtemps que les sexuellement corrompus. Premièrement, ils sont à l'abri des maladies vénériennes. Deuxièmement, ils sont à l'abri de tous les problèmes, toutes les inquiétudes, et les choses semblables, qui sont attachées à l'impureté sexuelle. Troisièmement, ceux qui sont sexuellement purs sont bénis d'une plus longue vie plus que ceux qui sont sexuellement impurs. Dieu fait qu'ils vivent plus longtemps, car ils ont à contribuer à Son programme plus que ceux qui se sont corrompus à travers l'immoralité sexuelle.

18. Ceux qui sont sexuellement purs sont une bénédiction pour la descendance. Les générations futures chanteront leur louange et suivront leur exemple.

19. Dieu commande que tous soient purs. Cela paie certainement de Lui obéir. Amen.

28

LA RÉCOMPENSE AU CIEL POUR LA PURETÉ SEXUELLE

La Bible dit :

« *Heureux ceux qui ont le cœur pur, car ils verront Dieu* » *(Matthieu 5 : 8).*

La plus grande récompense pour la pureté sexuelle sera le merveilleux privilège de voir Dieu. La splendeur de la lumière qui Le cache cédera, afin que ceux qui ont marché dans la lumière de Sa sainteté puissent Le voir, et ils Le verront ! Cela ne vaut-il pas la peine de payer le prix pour être saint sur terre ? Je crois que cela en vaut la peine un milliard de fois.

Deuxièmement, ceux qui entrent dans la délivrance totale du péché d'adultère et de fornication très tôt dans leur vie chrétienne ont plusieurs années de pureté soutenue et de service qui satisfait Dieu. Ils auront donc une plus grande récompense que ceux qui continuent dans l'échec pendant plusieurs années après qu'ils ont cru. En fait, la volonté parfaite de Dieu est que le dernier péché d'adultère ou de fornication commis par le croyant soit celui qui fut commis avant qu'il ne croie. Les bénéfices pourvus dans la mort, la résurrection et l'intronisation du croyant avec Christ sont telles qu'il devrait être capable de marcher dans la pureté dès le jour de sa conversion. L'expérience de plusieurs croyants est que la marche chrétienne est à deux niveaux : celui de l'échec, de la repentance, de l'échec et de la repentance pendant plusieurs années, avant d'entrer dans une marche chrétienne victorieuse quotidienne.

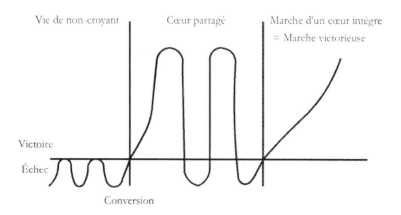

L'expérience de la plupart des croyants

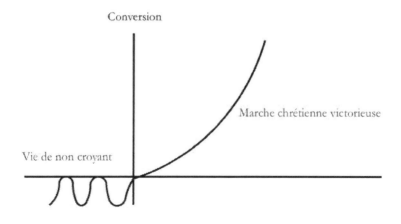

L'expérience des croyants telle que Dieu a voulu qu'elle soit

Si les gens sont authentiquement convertis et convenablement aidés dès le début de leur vie chrétienne, ils peuvent marcher le long du chemin de la victoire dès le commencement. Le temps passé à errer, à aller de haut en bas n'est pas nécessaire. Ce dont les gens ont besoin pour une vie chrétienne victorieuse, c'est un cœur consacré et obéissant et non du temps passé. En fait, la personne qui a le cœur partagé aujourd'hui peut continuer à avoir le cœur partagé pendant les trente prochaines années. Le temps ne change pas le cœur d'un homme. C'est Dieu qui le fait et Il est disposé à le faire aujourd'hui. Il veut le faire maintenant. Vas-tu Lui permettre de le faire ?

Ceux qui entrent tôt dans la vie victorieuse auront un meilleur rang éternel. Pense à deux jeunes croyants A et B. Ils croient le même jour. L'un marche victorieusement et l'autre marche avec un cœur partagé. Dix ans après, leurs rangs spirituels au ciel seront différents. Quand les deux sont face à la tentation de céder à une pensée impure, l'un résiste à la tentation et il est promu. L'autre cède et subit une démotion. Quelque temps après, il se relève, fait du progrès, mais cède à nouveau et rentre en arrière. Il pourrait faire 3 pas en avant et 2 pas en arrière, alors que celui qui résiste à la tentation chaque fois, fait trois pas en avant d'une manière constante. Les deux finiront par avoir des rangs qui sont très éloignés l'un de l'autre.

Cette récompense pour la pureté sera maintenue tout au long de l'éternité. Tu ferais mieux d'arrêter tout ce qui a trait à l'impureté maintenant, et de commencer à marcher avec Dieu pour améliorer ton rang éternel.

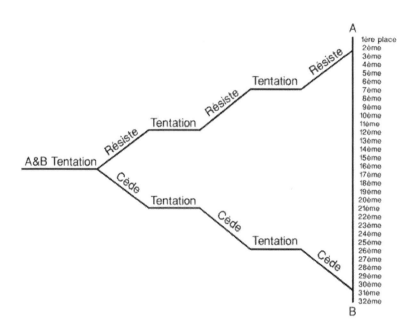

Troisièmement, il y a le privilège d'être le compagnon spécial de l'Agneau et de chanter dans la chorale spéciale du ciel. Ce privilège est réservé à ceux qui sont purs. La Bible dit :

LA RÉCOMPENSE AU CIEL POUR LA PURETÉ SEXUELLE

« *Je regardai, et voici, l'agneau se tenait sur la montagne de Sion, et avec lui cent quarante-quatre mille personnes, qui avaient son nom et le nom de son Père écrits sur leur front. Et j'entendis du ciel une voix, comme un bruit de grosses eaux, comme le bruit d'un grand tonnerre ; et la voix que j'entendis était comme celle de joueurs de harpes jouant de leurs harpes. Et ils chantent un cantique nouveau devant le trône, et devant les quatre êtres vivants et les vieillards. Et personne ne pouvait apprendre le cantique, si ce n'est les cent quarante-quatre mille, qui avaient été rachetés de la terre. Ce sont ceux qui ne se sont pas souillés avec des femmes, car ils sont vierges ; ils suivent l'Agneau partout où il va. Ils ont été rachetés d'entre les hommes, comme des prémices pour Dieu et pour l'agneau ; et dans leur bouche il ne s'est point trouvé de mensonge, car ils sont irréprochables.* » (*Apocalypse 14 : 1-5*).

Ne vas-tu pas tout faire pour être du nombre ? Dieu est prêt à effacer toute l'immoralité de ta vie passée et à te rendre pur et sans tache. Il veut faire de toi une vierge à nouveau. Vas-tu recevoir cette virginité de Lui maintenant et la garder jalousement ; sans jamais plus permettre qu'une pensée impure passe par ta tête jusqu'à Son avènement ? L'offre vient de Dieu, et c'est à toi de choisir. Fais quelque chose à ce sujet. Saisis cette opportunité et sois à jamais sage.

Louange au Seigneur !

29
EN CONCLUSION

Job dit :

« *J'avais fait un pacte avec mes yeux, et je n'aurais pas arrêté mes regards sur une vierge. Quelle part Dieu m'eût-il réservée d'en haut ? Quel héritage le Tout-Puissant m'eût-il envoyé des cieux ?* » *(Job 31 : 1-2)*.

Job continua :

« *Dieu n'a-t-il pas connu mes voies ?*

N'a-t-il pas compté tous mes pas ? » *(Job 31 : 4)*.

Job continua :

« *Si mon cœur a été séduit par une femme,*

Si j'ai fait le guet à la porte de mon prochain,

Que ma femme tourne la meule pour un autre, et que d'autres la déshonorent !

Car c'est un crime, un forfait que punissent les juges ; C'est un feu qui dévore jusqu'à la ruine et qui aurait détruit toute ma richesse. » *(Job 31 : 9-12).*

Comme lui, faisons une alliance que nos yeux ne s'arrêteront jamais sur quiconque avec convoitise. Soyons fidèles à cette alliance. Dès ce jour, marchons dans toute la pureté de Dieu, quel qu'ait été le passé. Coopérons avec le Saint-Esprit, et ne donnons aucune opportunité à la chair. C'est alors que nous serons réellement bénis, à la fois dans cette vie et dans le Royaume des cieux.

Amen.

AU SUJET DE L'AUTEUR

TRES IMPORTANT !

Si tu n'as pas encore reçu Jésus comme ton Seigneur et Sauveur, je t'encourage à le recevoir. Pour t'aider, tu trouveras ci-dessous quelques étapes à suivre.

ADMETS que tu es un pécheur de nature et par habitude, et que par ton effort personnel, tu n'as aucun espoir d'être sauvé. Dis à Dieu que tu as personnellement péché contre Lui en pensées, en paroles en actes. Dans une prière sincère, confesse-Lui tes péchés l'un après l'autre. N'omets aucun péché dont tu te souviennes. Détourne-toi sincèrement de tes péchés et abandonne-les. Si tu volais, ne vole plus ; si tu commettais l'adultère ou la fornication, ne le fais plus. Dieu ne te pardonnera pas si tu n'as pas le désir de renoncer radicalement au péché dans tous les aspects de ta vie ; mais si tu es sincère, il te donnera la force de renoncer au péché.

CROIS *que Jésus-Christ qui est le Fils de Dieu, est l'unique Chemin, l'unique Vérité, et l'unique Vie. Jésus a dit :*

TRES IMPORTANT !

"Je suis le Chemin, la Vérité et la Vie. Nul ne vient au Père que par Moi" (Jean 14 : 6).

La Bible dit :

"Car il y a un seul Dieu, et aussi un seul médiateur entre Dieu et les hommes, Jésus-Christ homme, qui s'est donné Lui-même en rançon pour tous" (1 Timothée 2 :5-6).

"Il n'y a sous le ciel aucun autre nom qui ait été donné parmi les hommes, par lequel nous devions être sauvés" (Actes 4 : 12).

"A tous ceux qui l'ont reçu, à ceux qui croient en son Nom, elle a donné le pouvoir de devenir enfants de Dieu" (Jean 1 : 12).

Mais,

CONSIDERE le prix à payer pour Le suivre. Jésus a dit que tous ceux qui veulent Le suivre doivent renoncer à eux-mêmes. Cette renonciation implique la renonciation aux intérêts égoïstes, qu'ils soient financiers, sociaux ou autres. Il veut aussi que Ses disciples prennent leur croix et Le suivent. Es-tu prêt à abandonner chaque jour tes intérêts personnels pour ceux de Christ ? Es-tu prêt à te laisser conduire dans une nouvelle direction par Lui ? Es-tu disposé à souffrir et même à mourir pour Lui si c'était nécessaire ? Jésus n'aura rien à faire avec des gens qui s'engagent à moitié. Il exige un engagement total. Il ne pardonne qu'à ceux qui sont prêts à Le suivre à n'importe quel prix et c'est eux qu'Il reçoit. Réfléchis-y et considère ce que cela te coûte de Le suivre. Si tu es décidé à Le suivre à tout prix alors il y a quelque chose que tu dois Faire :

INVITE Jésus à entrer dans ton coeur et dans ta vie. Il dit :

TRES IMPORTANT !

"Voici je me tiens à la porte et je frappe; si quelqu'un entend ma voix et ouvre la porte (de son coeur et de sa vie), j'entrerai chez lui, je souperai avec lui, et lui avec Moi" (Apocalypse 3 : 20).

Ne voudrais-tu pas faire une prière comme la suivante ou une prière personnelle selon l'inspiration du Saint-Esprit ?

> "Seigneur Jésus, je suis un pécheur misérable et perdu, j'ai péché en pensées, en paroles et en actes. Pardonne-moi tous mes péchés e purifie-moi. Reçois-moi, O Sauveur, et fais de moi un enfant de Dieu. Viens dans mon coeur maintenant même et donne-moi la vie éternelle à l'instant même. Je te suivrai à n'importe quel prix, comptant sur Ton Saint-Esprit pour me donner toute la force dont j'ai besoin."

Si tu as fais cette prière sincèrement, Jésus t'a exaucé, t'a justifié devant Dieu et a fait de toi à l'instant même un enfant de Dieu.

S'il te plaît écris-moi (**ztfbooks@cmfionline.org**) afin que je prie pour toi et que je t'aide dans ta nouvelle marche avec Jésus-Christ.

MERCI

D'avoir lu ce Livre

Si vous avez d'autres questions ou besoin d'aide, n'hésitez pas a nous contacter a travers **ztfbooks@cmfionline.org**. Si tu as été béni par le livre, nous serions également ravis si tu laissais un commentaire positif au près de ton distributeur préféré.

ZTF BOOKS, par le biais de la Christian Publishing House (CPH) offre une vaste gamme de meilleurs livres chrétiens en vente (sous formats papier, ebook et audio), portant sur une diversité de sujets, notamment le mariage et la famille, la sexualité, le combat spirituel pratique, le service chrétien, le leadership chrétien et bien d'autres. Vous pouvez consulter le site ztfbooks.com pour obtenir les informations sur nos nouveautés et nos offres spéciales. Merci de lire un des livres de ZTF

Restez connectes a l'auteur grâce aux réseaux sociaux (**cmfionline**) ou le site web (**ztfministry.org**) ou nous vous offrons des cours de formation a distance et sur place (durant toute l'année), du niveau élémentaire a *l'Université Mondiale de Prière et de Jeûne* (UMPJ) et a *l'Ecole de la Connaissance et du Service de Dieu* (ECSD). Nous vous attendons. Vous pouvez vous inscrire selon votre convenance. ou notre cours en ligne serait plus adéquat?

Nous aimerions te recommander un autre livre dans cette série: <u>Le Péché Devant Toi Pourrait Conduire à la mort</u>

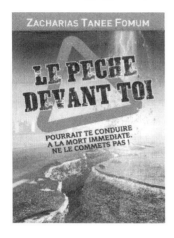

Ce livre est l'un des plus sérieux qu'il ait écrit

«Pécher volontairement, c'est crucifier le Fils de Dieu nouveau ! Peux-tu prendre cette responsabilité ? Il pourrait être impossible pour toi que tu sois ramené a la repentance; tu devrais être sage et te détourner complètement du péché devant toi. Si tu le commets, cela pourrait bien être la fin !»

Nous tenons ces propos de l'auteur Z.T. *Fomum* écrivant ce livre avec le fardeau qu'il ait le même effet en toi. C'est une chose effrayante pour quiconque de savoir qu'un acte est inique et de le commettre délibérément; car ce péché pourrait le conduire à la mort.

Ce livre peut t'aider à reconsidérer la gravité du péché afin de faire du progrès dans le chemin de la sanctification que Christ par sa mort a acquis pour toi.

Vivement recommandable !

AU SUJET DE L'AUTEUR

L'auteur avait obtenu sa Licence avec mention « Excellent » et avait reçu le prix d'excellence à Fourah Bay College, Université de Sierra Leone. Ses travaux de recherche en Chimie Organique ont conduit au Doctorat (PH.D), délivré par l'Université de Makéréré, Kampala, Uganda. Ses travaux scientifiques publiés ont été récemment évalués par l'Université de Durham, Grande Bretagne, et ont été trouvés être une recherche scientifique de haute distinction, pour laquelle il lui a été décerné le D.Sc. « Doctor of Science ». Professeur de Chimie Organique à l'Université de Yaoundé I, Cameroun, l'auteur a supervisé 99 mémoires de Maîtrise et thèses de Doctorat. Il est co-auteur de plus de 150 publications parues dans les Journaux Scientifiques de renommée internationale. L'auteur considère la recherche scientifique comme un acte d'obéissance au commandement de Dieu d'aller « assujettir la terre » (Genèse 1 :28). L'auteur sait aussi que le Seigneur Jésus-Christ est le Seigneur de la Science. « Car en Lui ont été créées toutes choses... » (Colossiens 1 :16). L'auteur a fait du Seigneur Jésus le Directeur de son laboratoire de recherche, l'auteur étant le directeur adjoint. Il attribue son succès scientifique à la direction révélationnelle du Seigneur Jésus.

L'auteur a lu plus de 1300 livres sur la foi chrétienne et est lui-même auteur de plus de 150 livres pour promouvoir l'Evangile de Christ. Quatre millions d'exemplaires de ses livres sont en circulation dans onze langues. Seize millions d'exemplaires de ses traités évangéliques sont en circulation dans 17 langues.

L'auteur considère la prière comme étant le travail le plus important qui puisse être fait sur terre pour Dieu et pour l'homme. Il a enregistré plus de 50 000 réponses à ses prières écrites et il est en train de travailler de plus belle pour connaître Dieu afin de Le mouvoir à répondre à ses prières. Il a avec son équipe, accompli plus de 57 croisades de prière (une croisade de prière est une période de quarante jours pendant laquelle au moins huit heures sont investies dans la prière chaque jour). Ils ont aussi accompli plus de 70 sièges de prière (un siège de prière est un temps de prière presque ininterrompue qui varie de 24 heures à 96 heures). Il a aussi effectués plus de 100 marches de prière variant de cinq à quarante-sept kilomètres des villes et cités à travers le monde. Il a enseigné sur la prière encore et encore, bien qu'à plusieurs égards, il soit juste un débutant dans cette science profonde qu'est la prière.

L'auteur considère également le jeûne comme étant l'une des armes dans le combat spirituel chrétien. Il a accompli plus de 250 jeûnes d'une durée variant de trois à cinquante-six jours, ne buvant que de l'eau et des vitamines solubles dans l'eau.

Ayant vu quelque chose sur l'importance d'épargner l'argent et de l'investir dans la bataille d'atteindre avec le glorieux Evangile ceux-là qui n'ont pas Christ, l'auteur a choisi un style de vie de simplicité et de « pauvreté auto-imposée », afin que leurs revenus soient investis dans l'œuvre critique d'évangélisation, de conquête des âmes, d'implantation des églises et de perfectionnement des saints. Son épouse et lui ont progressé jusqu'à investir dans l'Evangile 92,5% de leurs revenus gagnées à partir de toutes les sources (salaires, allocations, droits d'auteurs et dons en espèces) avec l'espoir que pendant qu'il grandit en connaissance, en amour pour le Seigneur, en amour pour les perdus, il investira 99% de ces revenus dans l'Evangile.

Au cours des quarante dernières années, 99% du temps, l'auteur a passé entre 15 minutes et 06 heures par jour avec Dieu dans ce qu'il appelle Rencontres Dynamiques Quotidiennes Avec Dieu (RDQAD). Pendant ces moments, il a lu la Parole de Dieu, il a médité là-dessus, il a écouté la voix de Dieu, il a entendu Dieu lui parler, il a enregistré ce que Dieu était en train de lui dire et a prié là-dessus. Il a ainsi plus de 18,000 Rencontres Dynamiques Quotidiennes Avec Dieu enregistrées par écrit. Il considère ces rencontres quotidiennes avec Dieu autour de Sa parole comme étant la force déterminante de sa vie. Ces Rencontres Dynamiques Quotidiennes Avec Dieu, ajoutées à cela plus de 60 périodes de retraites pour chercher Dieu seul, pendant des périodes variant entre 3 et 21jours (ce qu'il désigne Retraites Pour Le Progrès Spirituel), ont progressivement transformé l'auteur en un homme qui premièrement avait faim de Dieu, ensuite qui a maintenant faim et soif de Dieu, tout en espérant devenir un homme qui a faim, qui a soif et qui soupire après Dieu. « O puissé-je avoir davantage de Dieu » est le cri incessant de son cœur.

L'auteur a voyagé de manière extensive pour prêcher l'Evangile. Il a effectué, partant de sa base qui est Yaoundé, plus de 700 voyages missionnaires à l'intérieur du Cameroun, des voyages d'une durée variant d'un jour à trois semaines. Il a également effectué plus de 500 voyages missionnaires d'une durée variant entre deux jours et six semaines dans plus de 70 nations de tous les six continents.

L'auteur et son équipe ont vu plus de 10 000 miracles de guérison opérés par le Seigneur en réponse à la prière au Nom de Jésus-Christ, des miracles allant de la disparition des maux de tête à la disparition des cancers, des personnes séropositives entièrement transformées en personnes séronégatives, des aveugles recouvrant la vue, des sourds entendant, des muets parlant, des boiteux marchant, des démoniaques délivrés, de nouvelles dents et de nouveaux organes reçus.

L'auteur est marié à Prisca et ils ont sept enfants qui sont engagés avec eux dans l'œuvre de l'Evangile. Prisca Zei Fomum est ministre national et international aux enfants; Elle se spécialise à gagner les enfants et dans la tâche de faire d'eux des disciples du Seigneur Jésus, impartir la vision du ministère aux enfants, à susciter et à bâtir des ministres aux enfants.

L'auteur doit tout ce qu'il est et tout ce que le Seigneur a fait en lui et à travers lui aux faveurs et bénédictions immérité es de l'Eternel Dieu Tout-Puissant, et à son armée mondiale d'amis et de co-ouvriers qui ont généreusement et sacrificiellement investi leur amour, leur encouragement, leurs jeûnes, leurs prières, leurs dons et leur coopération sur lui et dans leur ministère conjoint. Sans les faveurs et les bénédictions immérité es de l'Eternel Dieu Tout-Puissant et les investissements de ses amis, amoureux et co-ouvriers, il n'aurait rien été et il n'aurait rien fait du tout.

15/09/08, Yaoundé

facebook.com/cmfionline
twitter.com/cmfionline
instagram.com/cmfionline

AUTRES LIVRES DU MEME AUTEUR

https://ztfbooks.com

LES NOUVEAUX TITRES PAR ZTF

1. Centrer sur Dieu
2. Les Prérequis Pour un Ministère Spirituel
3. Dans le creuset du service
4. Délivrance du péché de la gloutonnerie
5. Dispositions victorieuses
6. L'intimité Infinie: La Transformation, Les Choix, et le Débordement de Marie de Béthanie
7. L'Amour Qui Gagne: La Rescousse, le Développement et l'Épanouissement de Marie de Magdala
8. la conscience du croyant
9. La prière et la marche avec Dieu
10. la vie remplit de l'esprit
11. l'agressivité spirituelle
12. l'Art de ladoration
13. Le caractère et la personne du dirigeant
14. le dirigeant et son Dieu
15. Les Processus de la Foi
16. Marcher avec Dieu
17. Noblesse spirtuel
18. Pensées revolutionnaire du leadership
19. Puissance pour le service
20. Renversement des principautés et puissance
21. Les croisade de priére

22. S'attendre au Seigneur par la prière
23. l'arome spirituel
24. Racines et destinés
25. Les Affaires du Cœur
26. Les Dons Spirituels

LE CHEMIN DU CHRÉTIEN

1. Le Chemin de la Vie
2. Le Chemin de l'Obéissance
3. Le Chemin d'être Disciple
4. Le Chemin de la Sanctification
5. Le Chemin du Caractère Chrétien
6. Le Chemin du Combat Spirituel
7. Le Chemin de la Souffrance pour Christ
8. Le Chemin de la Prière Victorieuse
9. Le Chemin des Vainqueurs
10. Le Chemin de la Puissance Spirituelle
11. Le Chemin de l'Encouragement Spirituel
12. Le Chemin de l'Amour pour le Seigneur
13. Le Chemin du Service Chrétien

LA PRIERE

1. Le Chemin de la Prière Victorieuse
2. Le Ministère du Jeûne
3. L'Art de l'intercession
4. Prier Avec puissance
5. Mouvoir Dieu par la Prière
6. S'attendre au Seigneur par la prière
7. Le Ministère de la louange et des actions de grâce

8. L'adoratrice Récluse: La Vie, Le Ministére, Et La Glorification De La Prophetesse Anne
9. L'intimité Infinie: La Transformation, Les Choix, et le Débordement de Marie de Béthanie
10. L'Amour Qui Gagne: La Rescousse, le Développement et l'Épanouissement de Marie de Magdala
11. Le Ministère de la supplication
12. Combat spirituel pratique par la prière
13. La pratique de l'intercession
14. La centralité de la prière
15. Pensées révolutionnaires sur la prière volume 1
16. Pensées révolutionnaires sur la prière (volume 2)
17. l'Agressivité Spirituelle
18. L'Art de L'Adoration

AIDE PRATIQUE POUR LES VAINQUEURS

1. Disciple Coûte que Coûte
2. L'Utilisation du Temps
3. Retraites pour le Progrès Spirituel
4. Réveil Spirituel Personnel
5. Rencontres Dynamiques Quotidiennes avec Dieu
6. L'Ecole de la Vérité
7. Tu Peux Recevoir un Coeur Pur Aujourd'hui
8. Délivrance Du Péché De Paresse
9. Tu Peux Conduire Quelqu'un à Christ aujourd'hui
10. Tu Peux Recevoir le Baptême dans Le Saint Esprit
11. La Dignité du Travail Manuel
12. Tu as un Talent
13. Faire des Disciples
14. Es-tu Encore un Disciple du Seigneur Jésus?

15. Le Vainqueur en tant que Serviteur de l'Homme
16. Le Secret d'une Vie Spirituelle Fructueuse
17. Le Chrétien et l'Argent
18. L'Art de travailler dur
19. La Révélation: Une Nécessité
20. La Vraie Repentance
21. Connaître Dieu: Le Plus Grand besoin de l'heure
22. Comment Réussir dans la Vie Chrétienne

DIEU, LE SEXE ET TOI

1. Jouir de la vie Sexuelle
2. Jouir du choix de ton Conjoint
3. Jouir de la Vie Conjugale
4. Divorce et Remariage
5. Un Mariage Réussi: Le Chef d'Oeuvre du mari
6. Un Mariage Réussi: Le Chef d'Oeuvre de la femme

FAIRE DU PROGRES SPIRITUEL

1. Vision, Fardeau, Action
2. Le Ministre et le Ministère de la Nouvelle Alliance
3. La Croix Dans La Vie Et Le Ministère Du Croyant
4. Connaître le Dieu de Bonté Sans Pareille
5. Le Brisement
6. Le Secret du Repos Spirituel
7. Faire Du Progres Spirituel (volume 1)
8. Faire du Progres Spirituel (volume 2)
9. Faire du Progres Spirituel (volume 3)
10. Faire du Progres Spirituel (volume 4)

ÉVANGÉLISATION

1. L'amour et le Pardon de Dieu
2. Reviens à la Maison mon Fils. Je t'Aime
3. Jésus T'Aime et Veut te Gérir
4. Viens et vois Jésus n'a pas Changé
5. La Délivrance du Péché de la Paresse
6. 36 Raisons de Gagner les Perdus
7. Le «Gagnement» des Ames
8. La célébrité un masque

AIDE PRATIQUE DANS LA SANCTIFICATION

1. Le Délivrance du Péché
2. Le Chemin de la Sanctification
3. Le Péché Devant Toi Pourrait Conduire à la mort
4. Le Semeur la Semence, et les Coeurs des Hommes
5. La Délivrance du péché d'Adultère et de fornication
6. Sois Remplis du Saint Esprit
7. La Puissance du Saint-Esprit dans la conquête des perdus
8. Sanctifié et Consacré pour le ministère spirituel
9. La Vraie Repentance

AUTRES

1. La Guérison intérieure
2. Aucun Echec n'a Besoin d'Etre Final
3. Délivrance de l'Emprise des Démons
4. Faire Face Victorieusement aux problèmes de la vie
5. Le Berger et le Troupeau

6. La Prophétie du Renversement du prince satanique du Cameroun
7. La Puissance pour Opérer les Miracles
8. Principes Fondamentaux Du Leadership Chrétien
9. Lois Du Succes Spirituel (volume Un)

HORS SERIE

1. La Joie de Supplier d'Appartenir au Seigneur Jésus
2. Un Vase Brisé

LES FEMMES DE LA GLOIRE

1. L'adoratrice Récluse: La Vie, Le Ministére, Et La Glorification De La Prophetesse Anne
2. L'intimité Infinie: La Transformation, Les Choix, et le Débordement de Marie de Béthanie
3. L'Amour Qui Gagne: La Rescousse, le Développement et l'Épanouissement de Marie de Magdala
4. Non destinée à la défaite: L'élévation, les combats et le triomphe de la reine Esther

LES ANTHOLOGIES

1. L'Ecole des Gagneurs d'Ames et du Gagnement des Ames
2. L'Oeuvre Compléte de ZT Fomum Sur la Priere (Volume 1)
3. L'Oeuvre Compléte de ZT Fomum Sur le Leadership (Volume 1)

LA SERIE BIOGRAPHIQUE

1. De Ses lèvres: à propos de lui-meme
2. De ses lèvres : à propos de notre ministère
3. De ses lèvres : à propos de notre vision
4. De ses lèvres : à propos de ses co-ouvriers
5. De ses lèvres : de retour de ses voyages missionnaires

EXTRAIT DES LIVRES DE Z.T. FOMUM

1. Les Retraites de Quinze Minutes

DISTRIBUTEURS DE LIVRES DE ZTF

Ces livres peuvent être obtenus auprès des distributeurs suivants :

ÉDITIONS DU LIVRE CHRETIEN (ELC)

- **Email:** editionlivrechretien@gmail.com
- **Tél:** +33 6 98 00 90 47

CPH YAOUNDE

- **Email:** editionsztf@gmail.com
- **Tél:** +237 74756559

ZTF LITERATURE AND MEDIA HOUSE (LAGOS, NIGERIA)

- **Email:** zlmh@ztfministry.org
- **Tél:** +2348152163063

CPH BURUNDI

- **Email:** cph-burundi@ztfministry.org
- **Tél:** +257 79 97 72 75

CPH OUGANDA

- **Email:** cph-uganda@ztfministry.org
- **Tél:** +256 785 619613

CPH AFRIQUE DU SUD

- **Email:** tantohtantoh@yahoo.com
- **Tél**: +27 83 744 5682

INTERNET

- Chez tous les principaux détaillants en ligne: **Livres électroniques**, **audios** et en **impression à la demande**.
- **Email**: ztfbooks@cmfionline.org
- **Tél**: +47 454 12 804
- **Site web**: ztfbooks.com

Printed in France by Amazon
Brétigny-sur-Orge, FR